Joseph von Eichendorff

Erlebtes

Joseph von Eichendorff: Erlebtes

Entstanden: Zwischen 1849 und 1857.
Erstdruck: In: Aus dem literarischen Nachlasse Joseph Freiherrn von
Eichendorffs, Paderborn 1866.

Neuausgabe mit einer Biographie des Autors
Herausgegeben von Karl-Maria Guth
Berlin 2016

Der Text dieser Ausgabe folgt:
Joseph von Eichendorff: Werke. Nach den Ausgaben letzter Hand
unter Hinzuziehung der Erstdrucke herausgegeben von Ansgar Hillach,
Bd. 1–3, München: Winkler, 1970 ff.

Die Paginierung obiger Ausgabe wird hier als Marginalie zeilengenau
mitgeführt.

Umschlaggestaltung von Thomas Schultz-Overhage unter Verwendung
des Bildes: Stich nach einer zeichnung von Franz Kugler, Joseph von
Eichendorff, 1832.

Gesetzt aus der Minion Pro, 11 pt

Verlag: Henricus - Edition Deutsche Klassik GmbH
Mörchinger Str. 33, 14169 Berlin, info@henricus-verlag.de
Druck: Libri Plureos GmbH, Friedensallee 273, 22763 Hamburg

Die Ausgaben der Sammlung Hofenberg basieren auf zuverlässigen
Textgrundlagen. Die Seitenkonkordanz zu anerkannten
Studienausgaben machen Hofenbergtexte auch in wissenschaftlichem
Zusammenhang zitierfähig.

ISBN 978-3-86199-864-8

Bibliografische Information der Deutschen Nationalbibliothek

Die Deutsche Nationalbibliothek verzeichnet diese Publikation in der
Deutschen Nationalbibliografie; detaillierte bibliografische Daten sind
im Internet über www.dnb.de abrufbar.

Vorwort

An einem schönen warmen Herbstmorgen kam ich auf der Eisenbahn vom andern Ende Deutschlands mit einer Vehemenz dahergefahren, als käme es bei Lebensstrafe darauf an, dem Reisen, das doch mein alleiniger Zweck war, auf das allerschleunigste ein Ende zu machen. Diese Dampffahrten rütteln die Welt, die eigentlich nur noch aus Bahnhöfen besteht, unermüdlich durcheinander wie ein Kaleidoskop, wo die vorüberjagenden Landschaften, ehe man noch irgendeine Physiognomie gefaßt, immer neue Gesichter schneiden, der fliegende Salon immer andere Sozietäten bildet, bevor man noch die alten recht überwunden. Diesmal blieb indessen eine Ruine rechts überm Walde ganz ungewöhnlich lange in Sicht. Europamüde vor Langerweile fragte ich, ohne daß es mir grade um eine Antwort sonderlich zu tun gewesen wäre, nach Namen, Herkunft und Bedeutung des alten Baues; erfuhr aber zu meiner größten Verwunderung weiter nichts als gerade das Unerwartetste, daß nämlich dort oben ein Einsiedler hause. – »Was! so ein wirklicher Eremit mit langem Bart, Rosenkranz, Kutte und Sandalen?« – Keiner von der Gesellschaft im fliegenden Kasten konnte mir jedoch über diesen impertinenten Rückschritt genügende Auskunft erteilen, niemand hatte den Einsiedel selbst gesehen. Einer der Herren erklärte ihn schlechtweg für einen hochmütigen Sonderling, da er, wie er erfahren, bei der gebildeten Nachbarschaft nirgends Besuch gemacht, ja nicht einmal Visitenkarten umhergeschickt habe. Ein zweiter meinte, da stecke wohl etwas ganz anderes, eine dunkle Tat, ein großes politisches Verbrechen dahinter. – »Ja, diese heimlichen Jesuiten!« fiel ihm da ein dritter mit einem wichtigen Augenzwick in die Rede, und sprach nichts weiter. Eine Berliner Dame dagegen, die eben ihre Zigarre angeraucht, versicherte lachend, das sei ohne Zweifel der letzte Romantiker, der sich vor dem Fortschritt der wachsenden Bildung in den mittelalterlichen Urwald geflüchtet. Alle stimmten endlich darin überein, daß besagter Einsiedler etwas verdreht im Kopfe sein müsse.

Diese Notwendigkeit wollte mir zwar keineswegs so unbedingt einleuchten, doch war das wenige, das ich gehört, abenteuerlich genug, um mich neugierig zu machen. Ich beschloß daher, auf der nächsten

895

3

Station zurückzubleiben, und den seltsamen Kauz womöglich in seinem eignen Neste aufzusuchen.

Das war aber nicht so leicht, wie ich's mir vorgestellt hatte. In den Bahnhöfen ist eine so große Eilfertigkeit, daß man vor lauter Eile mit nichts fertig werden kann. Die Leute wußten genau, in welcher Stunde und Minute ich in Paris oder Triest oder Königsberg, wohin ich nicht wollte, sein könne, über Zugang und Entfernung des geheimnisvollen Waldes aber, wohin ich eben wollte, konnte ich nichts Gewisses erfahren; ja der Befragte blickte verwundert nach der bezeichneten Richtung hin, ich glaube, er hatte die Ruine bisher noch gar nicht bemerkt. Desto besser! dachte ich, schnürte mein Ränzel und schritt wieder einmal mit lang entbehrter Reiselust in die unbestimmte Abenteuerlichkeit des altmodischen Wanderlebens hinein.

Schon war die Rauchschlange des Bahnzuges weit hinter mir in den versinkenden Tälern verschlüpft, statt der Lokomotive pfiffen die Waldvögel grade ebenso wie vor vielen, vielen Jahren, da ich mir als Student zum erstenmal die Welt besehen, als wollten sie fragen, wo ich denn so lange gewesen? So kletterte ich unter dem feierlichen Waldesrauschen auf dem steilen Fußsteig, den mir die Hirten verraten, an einsamen Wiesen vorüber, wo die weidenden Kühe scheu und neugierig nach mir aufsahen, zwischen Weißdorn und Berberitzen, die im vollen Blütenstaat jugendlichen Übermuts auf meine grauen Haare und abgetragene Wandertasche stichelten, siegreich immer höher und höher hinan, bis ich mich endlich durch das Dickicht auf die letzte Höhe herausgearbeitet hatte.

Da lag plötzlich, wie in einem Nest von hohem Gras und Unkraut und die Tatzen weit nach mir vorgestreckt, eine riesenhafte Sphinx neben mir, die mich mit ihren steinernen Augen fragend anglotzte. Und in der Tat, das unverhoffte Ungeheuer gab mir ein Rätsel auf, das mich ganz verwirrte. Denn statt der erwarteten Klüfte, wilden Quellen und Felsenklausen nebst Zubehör erblickte ich einen, freilich arg verwilderten, altfranzösischen Garten: hohe Alleen und gradlinige Kiesgänge; rechts und links einzelne Päonien und Kaiserkronen, über denen bunte Schmetterlinge wie verwehte Blüten dahinschwebten, und in der Mitte eine Fontäne, die einförmig fortplätscherte in der großen Stille; nur ein Pfau spazierte stolz zwischen den Kaiserkronen. Es war aber eben Mittagszeit und eine fast gespenstische Beleuchtung ohne Schatten, die Sonne brannte, die Vögel schwiegen, der Wald rauschte kaum noch wie im Traume. Mir war's, als ginge ich durch irgendeine Verzauberung mitten in die gute alte Zeit, ich schüttelte mehrmal mit dem Kopf, ob mir nicht etwa unversehens ein Haarbeutel im Nacken gewachsen.

So kam ich an die Ruine, oder vielmehr an ein Schloß, das allerdings ruiniert genug war, aber offenbar weniger durch sein Alter, als durch einen gewaltsamen Brand. Der eine Teil lag malerisch verfallen, und fraternisierte längst mit dem Frühling, der mit seinen blühenden Ranken überall an Pfeilern und Wänden lustig hinaufkletterte. Nur der nach dem Garten hin gelegene Flügel, alle Fenster künstlich umschnörkelt und durch steinerne Blumengirlanden miteinander verbunden, sah noch sehr vornehm aus, wie eine Residenz des Prinzen Rokoko. Ein Fenster unten stand offen. Ich blickte hinein und übersah eine lange Reihe großer und hoher Gemächer mit reichen Tapeten, parkettierten Fußböden und prächtigen Stuckverzierungen an den Decken, überall samtene Kanapees und Sessel, die Lehnen weißlackiert mit goldenen Leisten, große Spiegel und Marmortische darunter. Es war so kühl da drinnen in der feierlichen Einsamkeit, aus einem der entfernteren Gemächer flötete soeben eine unsichtbare Spieluhr eine Menuett herüber, die ich noch aus meiner Kindheit zu kennen glaubte.

Jetzt hörte ich kleine, feine Stimmen hinter mir: es war ein Knabe und ein Mädchen, die einander gejagt hatten und stutzig stillstanden, da sie mich erblickten. »Wo ist der Zauberer - der Herr Einsiedler?« fragte ich, mich selbst verbessernd. Der erhitzte Knabe schüttelte die Locken aus dem hübschen Gesichtchen und sah mich schweigend und fast trotzig an. Das etwas ältere Mädchen aber wies nach einer Laube hin und sagte mit einem zierlichen Knicks: »Er betet.« - Also am Ende doch wirklich ein Eremit im alten Stil, dachte ich und eilte der bezeichneten Geißblattlaube zu. Dort saß ein Mann, den Rücken nach mir gekehrt und, wie es schien, eifrig in einen schweinsledernen Quartanten vertieft, der auf dem steinernen Tische vor ihm lag. Auf einmal aber, als ich schon ziemlich nahe war, fuhr ein zahmer Storch, den ich bisher gar nicht bemerkt hatte, erschrocken neben mir aus seinen Gedanken, legte den Hals hintenüber, sperrte den langen Schnabel weit auf und klapperte aus Leibeskräften. Da wandte sich der Einsiedler. - »Arthur!« rief ich ganz erstaunt - es war mein liebster Kriegskamerad vom Lützowschen Korps!

897

5

»Um des Himmels willen, was machst denn du hier?« – »Ich lese Calderons Autos« – »Aber just in dieser seltsamen Abgeschiedenheit!« – »Das sind die Trümmer meiner Heimat«, entgegnete er ruhig, »und das dort die Enkel meiner Spielgesellen aus der Kinderzeit«, fügte er lächelnd hinzu, auf die beiden Kinder weisend, die unterdes neugierig mir gefolgt waren.

Er hatte sich inzwischen hoch aufgerichtet. Er trug nichts weniger als eine korrekte Einsiedleruniform, sondern einen grünen kurzen Jagdrock und nur einen schönen vollen Bart, wie ihn unsere modernen Einsiedler in den Kaffeehäusern und Lesekabinetten tragen. Wir hatten uns seit den Kriegsjahren nicht mehr gesehen; nun beschauten wir einander eine Zeitlang stillschweigend, bis wir zuletzt beide in ein lautes Lachen ausbrachen: so uralt und ehrwürdig waren wir beide seitdem geworden; nur seine Augen waren noch immer die alten, treuen, ich hatte ihn sogleich an dem ganz eigentümlichen Blicke wiedererkannt.

898

I. Der Adel und die Revolution

Sehr alte Leute wissen sich wohl noch einigermaßen der sogenannten guten alten Zeit zu erinnern. Sie war aber eigentlich weder gut noch alt, sondern nur noch eine Karikatur des alten Guten. Das Schwert war zum Galanteriedegen, der Helm zur Zipfelperücke, aus dem Burgherrn ein pensionierter Husarenoberst geworden, der auf seinem öden Landsitz, von welchem seine Vorfahren einst die vorüberziehenden Kaufleute gebrandschatzt hatten, nun seinerseits von den Industriellen belagert und immer enger eingeschlossen wurde. Es war mit einem Wort die mürb und müde gewordene Ritterzeit, die sich puderte, um den bedeutenden Schimmel der Haare zu verkleiden; einem alten Gecken vergleichbar, der noch immer selbstzufrieden die Schönen umtänzelt, und nicht begreifen kann und höchst empfindlich darüber ist, daß ihn die Welt nicht mehr für jung halten will.

Der Adel in seiner bisherigen Gestalt war ganz und gar ein mittelalterliches Institut. Er stand durchaus auf der Lehenseinrichtung, wo, wie ein Planetensystem, die Zentralsonne des Kaisertums von den Fürsten und Grafen und diese wiederum von ihren Monden und Trabanten umkreist wurden. Die wechselseitige religiöse Treue zwischen Vasall und Lehnsherrn war die bewegende Seele aller damaligen Weltbegebenheiten und folglich die welthistorische Macht und Bedeutung des Adels. Aber der Dreißigjährige Krieg, diese große Tragödie des Mittelalters, hatte den letzteren, der ohnedem schon längst an menschlicher Altersschwäche litt, völlig gebrochen und beschlossen. Indem er die Idee des Kaisers, wenigstens faktisch, aus der Mitte nahm oder doch wesentlich verschob, mußte notwendig der ganze strenggegliederte Bau aus seinen Fugen geraten. Die Stelle der idealen Treue wurde sofort von der materiellen Geldkraft eingenommen; die mächtigeren Vasallen kauften Landsknechte und wurden Raubritter im großen, die kleinern, die in der allgemeinen Verwirrung oft selbst nicht mehr wußten, wem sie verpflichtet, folgten dem größeren Glücke oder besserem Solde. Und als endlich die Wogen sich wieder verlaufen, bemerkte der erstaunte Adel zu spät, daß er sich selbst aus dem großen Staatsverbande heraus, auf den ewig beweglichen Triebsand gesetzt hatte: aus dem freien Lehensadel war unversehens ein Dienstadel geworden, der zu Hofe ging oder bei den stehenden Heeren sich einschreiben ließ.

So war denn namentlich auch die Ritterlichkeit zuletzt fast ausschließlich an die modernen Offizierkorps gekommen. Auf diese warf nun der Siebenjährige Krieg noch einmal einen wunderbaren Glanz, Ruhmbegier, kecke Lust am Abenteuer, Tapferkeit, aufopfernde Treue und manche der anderen Tugenden, die das Mittelalter groß gemacht, schienen von neuem aufzuleben. Allein es war kein in sich geschlossenes Rittertum im alten Sinne mehr, sondern nur das Aufleuchten einzelner bedeutender Persönlichkeiten, die eben deshalb wohl ihre Namen, nicht aber den Geist des Ganzen unsterblich machen konnten. Auch hier gibt schon das Kostüm, das niemals willkürlich oder zufällig ist, ein charakteristisches Signalement dieses neuen Ritters. Die Eisenrüstung war ihm allmählich zum Küraß, der Küraß zum bloßen Brustharnisch und dieser endlich gar zu einem handbreiten Blechschildchen zusammengeschrumpft, das er gleichsam zum Andenken an die entschwundene Rüstung wie etwa jetzt der Orden zweiter Klasse, dicht unter dem Halse trug, die Rechte, der die Manschette nicht fehlen durfte, ruhte auf einem stattlichen spanischen Rohr, das gepuderte Haupt umschwebten zu beiden Seiten, anstatt der alten Geierflügel, zwei wurfähnlich aufgerollte Locken und »der Zopf der hing ihm hinten«. Ein Ritter mit dem Zopf ist aber durchaus eine undenkbare Mißgeburt, was die armen Bildhauer, welche die Helden des Siebenjährigen Krieges darstellen sollen, am schmerzlichsten empfinden. Und dieser fatale Zopf war in der Tat das mystische Symbol der verwandelten Zeit: alles Naturwüchsige, als störend und abgemacht, hinter sich geworfen und mumienhaft zusammengewickelt, bedeutete er zugleich den Stock, die damalige Zentripetalkraft der Heere.

Die jungen Kavaliere jener Zeit dienten in der Regel nicht um einen Krieg, sondern um einen galanten Feldzug gegen die Damen so lange mitzumachen, bis sie die Verwaltung ihrer Güter antreten konnten, oder, wenn sie keine hatten, bis sie mit der glänzenden Uniform eine Schöne oder auch Häßliche erobert, die ihre vielen Schulden zu bezahlen bereit und imstande war. Vom Ritterwesen hatten sie einige verworrene Reminiszenzen ererbt und auf ihre Weise sich zurechtgemacht: vom ehemaligen Frauendienst die fade Liebelei, von der altdeutschen Ehre einen französischen, höchst kapriziösen point d'honneur, vom strengen Lehnsverbande einen kapriziösen Esprit de corps, der nur selten über den ordinärsten Standesegoismus hinauslangte. Es war die hohe Schule des Junkertums, an die selbst Fouqués Recken mit ihren Gardereiterpositionen und ausbündig galanten Redensarten noch zuweilen erinnern.

Der Adel überhaupt aber zerfiel damals in drei sehr verschiedene Hauptrichtungen. Die zahlreichste, gesündeste und bei weitem ergötzlichste Gruppe bildeten die, von den großen Städten abgelegenen kleineren Gutsbesitzer in ihrer fast insularischen Abgeschiedenheit, von der man sich heutzutage, wo Chausseen und Eisenbahnen Menschen und Länder zusammengerückt haben und zahllose Journale wie Schmetterlinge, den Blütenstaub der Zivilisation in alle Welt vertragen, kaum mehr eine deutliche Vorstellung machen kann. Die fernen blauen Berge über den Waldesgipfeln waren damals wirklich noch ein unerreichbarer Gegenstand der Sehnsucht und Neugier, das Leben der großen Welt, von der wohl zuweilen die Zeitungen Nachricht brachten, erschien wie ein wunderbares Märchen. Die große Einförmigkeit wurde nur durch häufige Jagden, die gewöhnlich mit ungeheurem Lärm, Freudenschüssen und abenteuerlichen Jägerlügen endigten, sowie durch die unvermeidlichen Fahrten zum Jahrmarkt der nächsten Landstadt unterbrochen. Die letzteren insbesondere waren seltsam genug und könnten sich jetzt wohl in einem Karnevalszuge mit Glück sehen lassen. Vorauf fuhren die Damen im besten Sonntagsstaate, bei den schlechten Wegen nicht ohne Lebensgefahr, unter beständigem Peitschenknall in einer mit vier dicken Rappen bespannten altmodischen Karosse, die über dem unförmlichen Balkengestell in ledernen Riemen hängend, bedenklich hin und her schwankte. – Die Herren dagegen folgten auf einer sogenannten »Wurst«, einem langen gepolsterten Koffer, auf welchem diese Haimonskinder dicht hintereinander und einer dem andern auf den Zopf sehend, rittlings balancierten. – Am liebenswürdigsten aber waren sie unstreitig auf ihren Winterbällen, die die Nachbarn auf ihren verschneiten Landsitzen wechselweise einander ausrichteten. Hier zeigte es sich, wie wenig Apparat zur Lust gehört, die überall am liebsten improvisiert sein will und jetzt so häufig von lauter Anstalten dazu erdrückt wird. Das größte, schnell ausgeräumte Wohnzimmer mit oft bedrohlich elastischem Fußboden stellte den Saal vor, der Schulmeister mit seiner Bande das Orchester, wenige Lichter in den verschiedenartigsten Leuchtern warfen eine ungewisse Dämmerung in die entfernteren Winkel umher, und über

die Gruppe von Verwalter- und Jägerfrauen, die in der offenen Neben-
türe Kopf an Kopf dem Tanze der Herrschaften ehrerbietig zusahen.
Desto strahlender aber leuchteten die frischen Augen der vergnügten
Landfräulein, die beständig untereinander etwas zu flüstern, zu kichern
und zu necken hatten. Ihre unschuldige Koketterie wußte noch nichts
von jener fatalen Prüderie, die immer nur ein Symptom von sittlicher
Befangenheit ist. Man konnte sie füglich mit jungen Kätzchen verglei-
chen, die sorglos in wilden und doch graziös-anmutigen Sprüngen
und Windungen im Frühlingssonnenscheine spielen. Denn hübsch
waren sie meist, bis auf wenige dunkelrote Exemplare, die in ihrem
knappen Festkleide, wie Päonien, von allzu massiver Gesundheit
strotzten. – Der Ball wurde jederzeit noch mit dem herkömmlichen
Initialschnörkel einer ziemlich ungeschickt ausgeführten Menuett eröffnet, und gleichsam parodisch mit dem graden Gegenteil, dem tollen 901
»Kehraus« beschlossen. Ein besonders gutgeschultes Paar gab wohl
auch, von einem Kreise bewundernder Zuschauer umringt, den »Ko-
sakischen« zum besten, wo nur ein Herr und eine Dame ohne alle
Touren, sie in heiter zierlichen Bewegungen, er mit grotesker Kühnheit
wie ein am Schnürchen gezogener Hampelmann abwechselnd gegeneinander tanzten. Überhaupt wurde damals, weil mit Leib und Seele,
noch mit einer aufopfernden Todesverachtung und Kunstbeflissenheit
getanzt, gegen die das heutige vornehm nachlässige Schlendern ein
ermüdendes Bild allgemeiner Blasiertheit darbietet. Dabei schwirrten
die Geigen und schmetterten die Trompeten und klirrten unaufhörlich
die Gläser im Nebengemach, ja zuweilen, wenn der Punsch stark genug
gewesen, stürzten selbst die alten Herren, zum sichtbaren Verdruß
ihrer Ehefrauen, sich mit den ungeheuerlichsten Kapriolen mit in den
Tanz; es war eine wahrhaft ansteckende Lustigkeit. Und zuletzt dann
noch auf der nächtlichen Heimfahrt durch die gespensterhafte Stille
der Winterlandschaft unter dem klaren Sternenhimmel das selige
Nachträumen der schönen Kinder.

Die Glücklichen hausten mit genügsamem Behagen großenteils in
ganz unansehnlichen Häusern (unvermeidlich »Schlösser« geheißen),
die selbst in der reizendsten Gegend nicht etwa nach ästhetischem
Bedürfnis schöner Fernsichten angelegt waren, sondern um aus allen
Fenstern Ställe und Scheunen bequem überschauen zu können. Denn
ein guter Ökonom war das Ideal der Herren, der Ruf einer »Kernwir-
tin« der Stolz der Dame. Sie hatten weder Zeit noch Sinn für die

Schönheit der Natur, sie waren selbst noch Naturprodukte. Das bißchen Poesie des Lebens war als nutzloser Luxus lediglich den jungen Töchtern überlassen, die denn auch nicht verfehlten, in den wenigen müßigen Stunden längst veraltete Arien und Sonaten auf einem schlechten Klaviere zu klimpern und den hinter dem Hause gelegenen Obst- und Gemüsegarten mit auserlesenen Blumenbeeten zu schmücken. Gleich mit Tagesanbruch entstand ein gewaltiges Rumoren in Haus und Hof, vor dem der erschrockene Fremde, um nicht etwa umgerannt zu werden, eilig in den Garten zu flüchten suchte. Da flogen überall die Türen krachend auf und zu, da wurde unter vielem Gezänk und vergeblichem Rufen gefegt, gemolken, und gebuttert, und die Schwalben, als ob sie bei der Wirtschaft mit beteiligt wären, kreuzten jubelnd über dem Gewirr, und durch die offenen Fenster schien die Morgensonne so heiter durchs ganze Haus über die vergilbten Familienbilder und die Messingbeschläge der alten Möbel, die jetzt als Rokoko wieder für jung gelten würden. An schönen Sommernachmittagen aber kam häufig Besuch aus der Nachbarschaft. Nach den geräuschvollen Empfangskomplimenten und höflichen Fragen nach dem werten Befinden, ließ man sich dann gewöhnlich in der desolaten Gartenlaube nieder, auf deren Schindeldache der buntübermalte hölzerne Cupido bereits Pfeil und Bogen eingebüßt hatte. Hier wurde mit hergebrachten Späßen und Neckereien gegen die Damen scharmütziert, hier wurde viel Kaffee getrunken, sehr viel Tabak verraucht, und dabei von den Getreidepreisen, von dem zu verhoffenden Erntewetter, von Prozessen und schweren Abgaben verhandelt; während die ungezogenen kleinen Schloßjunker auf dem Kirschbaum saßen und mit den Kernen nach ihren gelangweilten Schwestern feuerten, die über den Gartenzaun ins Land schauten, ob nicht der Federbusch eines insgeheim erwarteten Reiteroffiziers der nahen Garnison aus dem fernen Grün emportauche. Und dazwischen tönte vom Hofe herüber immerfort der Lärm der Sperlinge, die sich in der Linde tummelten, das Gollern der Truthähne, der einförmige Takt der Drescher und all jene wunderliche Musik des ländlichen Stillebens, die den Landbürtigen in der Fremde, wie das Alphorn den Schweizer oft unversehens in Heimweh versenkt. In den Tälern unten aber schlugen die Kornfelder leise Wellen, überall eine fast unheimlich schwüle Gewitterstille, und niemand merkte oder beachtete es, daß das Wetter von Westen bereits aufstieg und einzelne

Blitze schon über dem dunklen Waldeskranze prophetisch hin und her zuckten.

Man sieht, das Ganze war ein etwas ins Derbe gefertigtes Idyll, nicht von Geßner, sondern etwa wie das »Nußkernen« vom Maler Müller. Da fehlte es nicht an manchem höchst ergötzlichen Junker Tobias oder Junker Christoph von Bleichenwang, aber ebensowenig auch an tüchtigen Charakteren und patriarchalischen Zügen. Denn diese Edelleute standen in der Bildung nur wenig über ihren »Untertanen«, sie verstanden daher noch das Volk und wurden vom Volke wieder begriffen. Es war zugleich der eigentliche Tummelplatz der jetzt völlig ausgestorbenen Originale, jener halb eigensinnigen, halb humoristischen Ausnahmenaturen, die den stagnierenden Strom des alltäglichen Philisteriums mit großem Geräusch in Bewegung setzten, indem sie, gleich wilden Hummeln, das konventionelle Spinnengewebe beständig durchbrachen. Unter ihnen sah man noch häufig bramarbasierende Haudegen des Siebenjährigen Krieges und wieder andre, die mit einer unnachahmlich lächerlichen Manneswürde von einer gewissen Biederbigkeit Profession machten. Die fruchtbarsten in diesem Genre aber waren die sogenannten »Krippenreiter«, ganz verarmte und verkommene Edelleute, die, wie die alten Schalksnarren, von Schloß zu Schloß ritten und, als Erholung von dem ewigen Einerlei, überall willkommen waren. Sie waren zugleich Urheber und Zielscheibe der tollsten Schwänke, Maskeraden und Mystifikationen, denn sie hatten, wie Falstaff, die Gabe, nicht nur selbst witzig zu sein, sondern auch bei anderen Witz zu erzeugen.

Unser deutscher Lafontaine ist, bei aller sentimentalen Abschwächung, nicht ohne einige historische Bedeutung, indem er uns oft einen recht anschaulichen Prospekt in jene gute alte Zeit eröffnet, deren adeliger Zopf sich noch fühlbar durch alle seine Romane hindurchzieht.

In der zweiten Reihe des Adels dagegen standen die Exklusiven, Prätentiösen, die sich und andere mit übermäßigem Anstande langweilten. Sie verachteten die erstere Gruppe und wurden von dieser ebenso gründlich verachtet; beides sehr natürlich, denn diese hatten die frischere Lebenskraft, die jene als plebejisches Krautjunkertum bemitleideten, die Exklusiven aber eine zeitgemäßere Bildung voraus, welche von ersteren nicht verstanden oder als affektierte Vornehmtuerei zurückgewiesen wurde. Bei diesen Vornehmen war nun die ganze Szenerie eine andere. Sie bewohnten wirkliche Schlösser, der Wirt-

903

schaftshof, dessen gemeine Atmosphäre besonders den Damen ganz unerträglich schien, war in möglichste Ferne zurückgeschoben, der Garten trat unmittelbar in den Vordergrund. Und diese Gärten müssen wir uns hier notwendig etwas genauer ansehen. Denn diese Adelsklasse, wie bereits erwähnt, ambitionierte sich durchaus, mit der Zeitbildung fortzuschreiten; und obgleich sie in der Regel nichts weniger als Literaten waren, so konnten sie doch nicht umhin, den Geist der jedesmaligen Literatur wenigstens äußerlich, als Mode, in ihrem Luxus abzuspiegeln. Die Gartenkunst aber, wie alle Künste untereinander, hängt

mit den wechselnden Phasen namentlich der eben herrschenden poetischen Literatur jederzeit wesentlich zusammen.

Es ist leider hinreichend bekannt, daß wir einst das große poetische Pensum, das uns der Himmel aufgegeben, ungeschickterweise vergessen hatten und daher zu gerechter Strafe lange Zeit in der französischen Schule nachsitzen mußten, wo die Muse, sie mochte nun mutwillig oder tragisch sein, nur in Schnürleib und Reifrock erscheinen durfte. Und der abgemessenen Architektonik dieser Schule entspricht denn auch zunächst der feierliche Kurialstil unserer damaligen geradlinigen Ziergärten:

Es glänzt der Tulpenflor, durchschnitten von Alleen,
Wo zwischen Taxus still die weißen Statuen stehen,
Mit goldnen Kugeln spielt die Wasserkunst im Becken,
Im Laube lauert Sphinx, anmutig zu erschrecken.

Die schöne Chloe da spazieret in dem Garten,
Zur Seit ein Kavalier, ihr höflich aufzuwarten,
Und hinter ihnen leis Cupido kommt gezogen,
Bald duckend sich im Grün, bald zielend mit dem Bogen.

Es neigt der Kavalier sich in galantem Kosen,
Mit ihrem Fächer schlägt sie manchmal nach dem Losen,
Es rauscht der taftne Rock, es blitzen seine Schnallen,
Dazwischen hört man oft ein art'ges Lachen schallen.

Jetzt aber hebt vom Schloß, da sich's im West will röten
Die Spieluhr schmachtend an, ein Menuett zu flöten.

Die Laube ist so still, er wirft sein Tuch zur Erde
Und stürzet auf ein Knie mit zärtlicher Gebärde.

»Wie wird mir, ach, ach, ach, es fängt schon an zu dunkeln –«
»So angenehmer nur seh ich zwei Sterne funkeln –«
»Verwegner Kavalier!« – »Ha, Chloe, darf ich hoffen? –«
Da schießt Cupido los und hat sie gut getroffen.

So ungefähr sind uns diese, ganz bezeichnend *französisch* benannten, Lust- und Ziergärten jederzeit vorgekommen. Wir konnten uns dieselben niemals ohne solche Staffage, diese Chloes und galanten Kavaliere nicht ohne solchen Garten denken; und insofern hatten diese Parade- gärten allerdings ihre vollkommene Berechtigung und Bedeutung: Sie sollten eben nur eine Fortsetzung und Erweiterung des Konversations- salons vorstellen. Daher mußte die zudringlich störende Natur durch hohe Laubwände und Bogengänge in einer gewissen ehrerbietigen Form gehalten werden, daher mußten Götterbilder in Allongeperücken überall an den Salon und die französierte Antike erinnern; und es ist nicht zu leugnen, daß in dieser exklusiven Einsamkeit, wo anstatt der gemeinen Waldvögel nur der Pfau courfähig war, die einzigen Natur- laute: die Tag und Nacht einförmig fortrauschenden Wasserkünste, einen um so gewaltigeren, fast tragischen Eindruck machten. Allein solche wesentlich architektonische Effekte sind immer nur durch große würdige Dimensionen erreichbar, wozu es bei den deutschen Land- schlössern gewöhnlich an Raum und Mitteln fehlte. Überdies war das Ganze im Grunde nichts weniger als national, sondern nur eine Nachahmung der Versailler Gartenpracht; jede Nachahmung aber, weil sie denn doch immer etwas Neues und Apartes aufweisen will, gerät unfehlbar in das Übertreiben und Überbieten des Vorbildes. Und so erblicken wir denn auch hier, besonders von Holland her, sehr bald und nicht ohne Entsetzen die Mosaikbeete von bunten Scherben, die Pyramiden und abgeschmackten Tiergestalten von Buxbaum, die vielen schlechten, zum Teil hölzernen Götterbilder, mit einem Wort: die Karikatur; und auf diesen Plätzen promenierte der alte Gottsched als Prinz Rokoko mit seinem Gefolge.

Aber dem feierlichen Professor trat fast schon auf die Ferse die be- kannte literarische Rebellion gegen das französische Regime, zum Teil durch Franzosen selbst. Rousseau, Diderot, Lessing, jeder in seiner

Art, vindizierten der Natur wieder ihr angeborenes Recht. Da brach auf einmal auch das Prachtgerüste jener alten Gärten zusammen, die lang abgesperrte Wildnis kletterte hurtig von allen Seiten über die Buxwände und Scherbenbeete herein, die Natur selbst war ihnen noch nicht natürlich genug, man wollte womöglich bis in den Urwald zurück, und ein wüstes Gehölz mit wenigen Blumen und vielen ärgerlichen Schlangenpfaden, auf denen man nicht vom Fleck und zum Ziele gelangen konnte, mußte den neuen Park bedeuten. Dazu kam noch die in Deutschland unsterbliche Sentimentalität, in beständigem Handgemenge mit dem Terrorismus einer groben Vaterländerei, Lafontaine und Iffland gegen Spieß und Cramer, und über alle hinweg schritt der stolze, kein Vaterland anerkennende Kosmopolitismus. Und sofort finden wir denn dieselbe Anarchie auch in dem neuen Garten wieder: idyllische Hütten und Tränenurnen für imaginäre Tote neben schauerlichen Burgruinen, Heiligenkapellen neben japanischen Tempeln und chinesischen Kiosks; und damit in der totalen Konfusion doch jeder wisse, wie und was er eigentlich zu empfinden habe, wurden an den Bäumen als gefühlvolle Wegweiser, Tafeln mit Sprüchen und sogenannten schönen Stellen aus Dichtern und Philosophen ausgehängt. – Jeder wahre Garten aber, sagt Tieck irgendwo ganz richtig, ist von seiner eigentümlichen Lage und Umgebung bedingt, er muß ein schönes *Individuum* sein, und kann also nur einmal existieren.

Und eben dies war auch das Geschick oder vielmehr Ungeschick der damaligen Bewohner jener Schlösser. Sie waren, wie ihre Gärten, nicht eigentümlich ausgeprägte Individuen, hatten auch keine Nationalgesichter, sondern nur eine ganz allgemeine Standesphysiognomie; überall bis zur tödlichsten Langweiligkeit, dieselbe Courtoisie, dieselben banalen Redensarten, Liebhabereien und Abneigungen. Sie waren die Akteurs der großen Weltbühne, die nicht den Zeitgeist *machten*, sondern den Zeitgeist *spielten*; das Dekorationswesen der Repräsentation war daher ihr eigentliches Fach und Studium, und bühnengerecht zu sein ihr Stolz. Die alten Kavaliere nebst Haarbeutel und Stahldegen waren nun freilich von der Bühne verschwunden, die neuen hatten aber von ihnen die pedantische Kultur des *Anstandes* als heiligstes Familienerbstück überkommen. Allein der an sich löbliche Anstand ist doch nur der *Schein* dessen, was er eigentlich bedeuten soll, und so ging ihnen denn auch ihr Dasein lediglich in einer traditionellen Ästhetik des Lebens auf. Ihre Ställe verwandelten sich in Prachttempel, wo mit schönen Pferden und glänzenden Schweizerkühen ein fast abgöttischer Kultus getrieben wurde, im Innern des Schlosses schillerte ein blendender Dilettantismus in allen Künsten und Farben, die Fräuleins musizierten, malten oder spielten mit theatralischer Grazie Federball, die Hausfrau fütterte seltene Hühner und Tauben oder zupfte Goldborten, und alle taten eigentlich gar nichts. Sie hatten sich gleichsam die Prosa des Lebensdramas in ein prächtiges Metrum transferiert, und das ist ihre große negative Bedeutsamkeit, daß sie dadurch allerdings langehin das absolut Gemeine und Rohe unterdrückten und abwehrten. Aber Metrik ist noch keine Poesie, und den Gehalt des Lebens konnten sie dadurch nicht veredeln.

Die dritte und bei weitem brillanteste Gruppe endlich war die extreme. Hier figurierten die ganz gedankenlosen Verschwender, jene »im Irrgarten der Liebe herumtaumelnden Kavaliere«, welche ziemlich den Zug frivoler Libertinage repräsentierten, der sich wie eine narkotische Liane durch die damalige Literatur schlang. Zu diesem Berufe wurden die jungen Herren schon frühzeitig mit der sogenannten »guten Konduite« ausgerüstet, d.h. sie mußten bei meist sehr zweideutigen und abenteuernden Strolchen tanzen, fechten, reiten und Französisch sprechen lernen. Die Eltern hatten vor lauter feiner Lebensart und gesellschaftlichen Pflichten weder Zeit noch Lust, sich um die langweilige Pädagogik zu kümmern, die eigentliche Erziehung war vielmehr gewöhnlich gewissenlosen oder unwissenden Ausländern von armer und geringer »Extraktion« überlassen; die natürlich von ihren vornehmen Zöglingen in aller Weise düpiert wurden. Eine Anekdote aus dem Leben mag vielleicht am anschaulichsten andeuten, wie cavalièrement sich dieses Verhältnis oft gestaltete. Einer dieser Jünglinge hatte einen zwar gewissenhaften, aber sehr pedantischen Mentor, der wohl nicht ohne Grund nächtliche Ausflüge argwöhnen mochte und daher, wenn er, nachts im Garten eine ungewöhnliche Bewegung wahrnahm, jedesmal sich vorsichtig zum Fenster hinauszulehnen pflegte, um seinen Zögling zu belauern. Das war dem letztern schon längst störend und verdrießlich gewesen; er machte daher einmal in seinem nächtlichen Versteck absichtlich ein verdächtiges Geräusch. Kaum aber hatte der Mentor den Kopf wieder aus dem Fenster gestreckt, als zwei unten bereitstehende, als Spukgeister vermummte Lakaien ihm ihrer Instruktion gemäß einen hölzernen Bogen über den Nacken warfen und den Erschrockenen damit am Fensterbrett festklemmten, während ein

16

dritter ihm, zum großen Ergötzen der Schalke, mit einem langen Pinsel das ganze Gesicht einseifte.

Nach dergleichen Studien wurden dann die »jungen Herrschaften« mit ihrem autonomen Hofmeister auf Reisen geschickt, um insbesondere auf der hohen Schule zu Paris sich in der Praxis der Galanterie zu vervollkommnen. Da sie jedoch, bei Strafe der sozialen Exkommunikation, nirgends mit dem Volke, sondern wieder nur in den Kreisen von ihresgleichen verkehren durften, die sich damals überall zum Erschrecken ähnlich sahen, so ist es leicht begreiflich, daß sie auf allen ihren Fahrten nichts erfuhren und lernten, und regelmäßig ziemlich blasiert zurückkehrten. Und ebenso natürlich machten sie nun zu Hause, um nur die unerträgliche Langeweile loszuwerden, die verzweifeltsten Anstrengungen, fuhren mit Heiducken, Laufern und Kammerhusaren zum Besuch, rissen ihre alten Schlösser ein und bauten sich lustig moderne Trianons. Allein das forcierte Lustspiel nahm gewöhnlich ein tragisches Ende, dem kurzen Rausche folgte der moralische und finanzielle Katzenjammer. So ein Lebenslauf verpuffte rasch wie ein prächtiges Feuerwerk mit Geprassel, leuchtenden Raketen und sprühenden Feuerrädern, bis zuletzt plötzlich nur noch die halbverbrannten dunklen Gerüste dastanden; und das verblüffte Volk rieb sich die Blendung aus den Augen und lachte auseinanderlaufend über den närrischen Spaß. – Der Spaß hatte jedoch auch seine ernste Kehrseite, und grade diese Gruppe hat dem Adel am empfindlichsten geschadet, wie denn überall liebenswürdiger Leichtsinn und Unverstand gefährlicher ist als abstoßende Bosheit. Denn sie waren es vorzüglich, die nicht nur ihren eigenen Stand in schlimmen Ruf brachten, sondern auch in den unteren Schichten der Gesellschaft, die damals noch gläubig und bewundernd zum Adel aufblickten, die Seuche der Glanz und Genußsucht verbreiteten. Sie haben zuerst die schöne Pietät des von Generation zu Generation fortgeerbten Grundbesitzes untergraben, indem sie denselben in ihrer beständigen Geldnot durch verzweifelte Güterspekulationen zur gemeinen Ware machten. Und so legten sie unwillkürlich mit ihrem eigenen Erbe den Goldgrund zu der von ihnen höchst verachteten Geldaristokratie, die sie verschlang und ihre Trianons in Fabriken verwandelte.

Glücklicherweise aber läßt sich das menschliche Walten nicht in einzelne Kapitel und Paragraphen einfangen. Es versteht sich daher von selbst, daß die Grenzen aller jener Gruppen, die hier nur des klareren Überblicks wegen so konzentriert und scharf gesondert wurden, im Leben häufig ineinanderliefen. Am isoliertesten standen wohl die Prätentiösen durch ihre außerordentliche Langweiligkeit, die sie aller Welt als guten Geschmack aufdringen wollten. Am leichtesten dagegen sympathisierten die erste und dritte Gruppe miteinander, denn die unbefangenen Landjunker besaßen eben noch hinreichenden Humor, um sich an dem Mutwillen und den tollen Luftsprüngen ihrer extremen Standesgenossen zu ergötzen, während die letzteren beständig das Bedürfnis immer neuer und frappanterer Amüsements verspürten, und sich von dem ewigen Nektar nach derberer Hausmannskost sehnten; es bestand zwischen beiden ein stillschweigender Pakt wechselseitiger Erfrischung. In allen Klassen aber gab es noch Familien genug, die gleichsam mit einem traditionellen Instinkt, den alten Stammbaum frommer Zucht und Ehrenhaftigkeit in den Stürmen und Staubwirbeln der neuen Überbildung, wenn auch nicht zu regenerieren, doch wacker aufrechtzuhalten wußten; sowie einzelne merkwürdige und alle Standesschranken hoch überragende Charaktere, auf die wir weiterhin noch besonders zurückkommen wollen.

So ungefähr standen die Sachen in den letzten Dezennien des vorigen Jahrhunderts. Es brütete, wie schon gesagt, eine unheimliche Gewitterluft über dem ganzen Lande, jeder fühlte, daß irgend etwas Großes im Anzuge sei, ein unausgesprochenes, banges Erwarten, man wußte nicht von was, hatte mehr oder minder alle Gemüter beschlichen. In dieser Schwüle erschienen, wie immer vor nahenden Katastrophen, seltsame Gestalten und unerhörte Abenteurer, wie der Graf St. Germain, Cagliostro u.a., gleichsam als Emissäre der Zukunft. Die ungewisse Unruhe, da sie nach außen nichts zu tun und zu bilden fand, fraß immer weiter und tiefer nach innen; es kamen die Rosenkreuzer, die Illuminaten, man improvisierte allerlei private Geheimbünde für Beglückung und Erziehung der Menschheit, wie wir sie z.B. in Goethes »Wilhelm Meister« auf Lotharios Schlosse sehen; albern und kindisch, aber als Symptome der Zeit von prophetischer Vorbedeutung. Denn der Boden war längst von heimlichen Minen, welche die Vergangenheit und Gegenwart in die Luft sprengen sollten, gründlich unterwühlt, man hörte überall ein spukhaftes unterirdisches Hämmern und Klopfen, darüber aber wuchs noch lustig der Rasen, auf dem die fetten Herden ruhig weideten. Vorsichtige Grübler wollten zwar schon manchmal gelinde Erdstöße verspürt haben, ja die Kirchen bekamen hin und wieder bedenkliche Risse, allein die Nachbarn, da ihre Häuser und Krämerbuden noch ganz unversehrt standen, lachten darüber, den guten Leuten im »Faust« vergleichbar, die beim Glase Bier vom fernen Kriege, weit draußen in der Türkei behaglich diskur-

rieren.

Man kann sich daher heutzutage schwer noch einen Begriff machen von dem Schreck und der ungeheueren Verwirrung, die der plötzliche Knalleffekt durch das ganze Philisterium verbreitete, als nun die Mine in Frankreich wirklich explodierte. Die Landjunker wollten gleich aus der Haut fahren und den Pariser Drachen ohne Barmherzigkeit spießen und hängen. Die Prätentiösen lächelten vornehm und ungläubig und ignorierten den impertinenten Pöbelversuch, Weltgeschichte machen zu wollen; ja es galt eine geraume Zeit unter ihnen für plebejisch, nur davon zu sprechen. Die Extremen dagegen, die ohnedem zu Hause damals nicht viel mehr zu verlieren hatten, erfaßten die Revolution als ein ganz neues und höchst pikantes Amüsement und stürzten sich häufig kopfüber in den flammenden Krater. – Es ist überhaupt ein Irrtum, wenn man den Adel jener Zeit als die ausschließlich konservative Partei bezeichnen will. Er hatte, wie wir gesehen, damals nur noch ein schwaches Gefühl und Bewußtsein seiner ursprünglichen Bedeutung und Bestimmung, eigentlich nur noch eine vage Tradition zufälliger Äußerlichkeiten und folglich selbst keinen rechten Glauben mehr daran. Überdies war das Neue in Deutschland noch keineswegs bis zum Volke gedrungen, es war lediglich eine Geheimwissenschaft der sogenannten gebildeten Klassen, und daher häufig von Adeligen vertreten. Unter ihnen befanden sich viele ernste und hochgestimmte Naturen, die überall zuletzt den Ausschlag geben; aber grade diese, da sie die Unrettbarkeit des Alten einsahen, waren dem Neuen zugewandt. Und diese hatten den schlimmsten Stand. Den Landjunkern waren sie zu gelehrt und durchaus unverständlich, den Prätentiösen zu bürgerlich, den Extremen zu schulmeisterlich; sie wurden von allen ihren Standesgenossen als Renegaten desavouiert, was sie denn freilich in gewissem Sinne auch wirklich waren. Aus diesen Sonderbündlern sind später, als die Revolution zur Tat geworden, einige höchst denkwürdige Charaktere hervorgegangen. So der rastlos unruhige Freiheitsfanatiker Baron Grimm, unablässig wie der Sturmwind die Flammen schürend und wendend, bis sie über ihm zusammenschlugen und ihn selbst verzehrten. So auch der berühmte Pariser Einsiedler Graf

Schlabrendorf, der in seiner Klause die ganze soziale Umwälzung wie eine große Welttragödie unangefochten, betrachtend, richtend und häufig lenkend, an sich vorübergehen ließ. Denn er stand so hoch über allen Parteien, daß er Sinn und Gang der Geisterschlacht jederzeit klar überschauen konnte, ohne von ihrem wirren Lärm erreicht zu werden. Dieser prophetische Magier trat noch jugendlich vor die große Bühne, und als kaum die Katastrophe abgelaufen, war ihm der greise Bart bis an den Gürtel gewachsen.

Wenn auf den unwirtbaren Eisgipfeln der Theorie die Lawine fertig und gehörig unterwaschen ist, so reicht der Flug eines Vogels, der Schall eines Wortes hin, um, Felsen und Wälder entwurzelnd, das Land zu verschütten; und dieses Wort hieß: Freiheit und Gleichheit. Das Alte war in der allgemeinen Meinung auf einmal zertrümmert, der goldene Faden aus der Vergangenheit gewaltsam abgerissen. Aber unter Trümmern kann niemand wohnen, es mußte notwendig auf anderen Fundamenten neu gebaut werden, und von da ab begann das verzweifelte Experimentieren der vermeintlichen Staatskünstler, das noch bis heut die Gesellschaft in beständiger fieberhafter Bewegung erhält. Es wiederholte sich abermals der uralte Bau des Babylonischen Turmes mit seiner ungeheuren Sprachenverwirrung, und die Menschheit ging fortan in die verschiedenen Stämme der Konservativen, Liberalen und Radikalen auseinander. Es waren aber vorerst eigentlich nur die Leidenschaften, die unter der Maske der Philosophie, Humanität oder sogenannten Untertanentreue, wie Drachen mit Lindwürmern auf Tod und Leben gegeneinander kämpften; denn die Ideen waren plötzlich Fleisch geworden und wußten sich in dem ungeschlachten Leibe durchaus noch nicht zurechtzufinden.

Fassen wir jedoch diesen Kampf der entfesselten und gärenden Elemente schärfer ins Auge, so bemerken wir den der Religion gegen die Freigeisterei, als das eigentlich bewegende Grundprinzip, offenbar im Vordertreffen, denn die Veränderungen der religiösen Weltansicht machen überall die Geschichte. Hier aber war der Kampf zunächst ein sehr ungleicher. Der kleine Landadel trieb großenteils die Religion nur noch wie ein löbliches Handwerk, und blamierte sich damit nicht wenig vor den weit ausgreifenden Fortschrittsmännern. Die vermeintlich gebildeteren Adelsklassen dagegen, denen die Lächerlichkeit jederzeit als die unverzeihlichste Todsünde erschien, hatten, schon längst mit den freigeisterischen französischen Autoren heimlich fraternisierend, die neue Aufklärung als notwendige Mode- und Anstandssache, gleichsam als moderne Gasbeleuchtung ihrer Salons stillschweigend bei sich aufgenommen, und erschraken jetzt zu spät vor den ganz unanständigen Konsequenzen, da ihre Franzosen plötzlich Gott abschafften und die nackte Vernunft leibhaftig auf den Altar stellten. Wie aber sollten sie so halbherzig und nachdem sie die rechte Waffe selbst aus der Hand gegeben, sich nun den ungestümen Drängern entgegenstemmen? Es konnte nicht anders sein: die neue Welt schritt über ihre ganz verblüfften Köpfe hinweg, ohne nach ihnen zu fragen. Christus galt fortan für einen ganz guten, nur leider etwas überspannten Mann, dem sich jeder Gebildete wenigstens vollkommen ebenbürtig dünkte. Es war eine allgemeine Seligsprechung der Menschheit, die durch ihre eigene Kraft und Geistreichigkeit kurzweg sich selbst zu erlösen unternahm; mit einem Wort: der vor lauter Hochmut endlich toll gewordene Rationalismus, welcher in seiner praktischen Anwendung eine Religion des Egoismus proklamierte.

Hatte man aber hiermit alles auf die subjektive Eigenmacht gestellt, so kam es natürlich nun darauf an, diese Eigenmacht auch wirklich zu einer Weltkraft zu entwickeln; und daraus folgte von selbst der gewaltige Stoß der neuen Pädagogik gegen die alte Edukation. Diese war bisher wesentlich eine partikuläre Standeserziehung gewesen, das Individuum ging in seinem bestimmten Stande, alle Stände aber in der allgemeinen Idee des Christentums auf. Jetzt dagegen sollte auch hier die bloße Natur frei walten, jeder Knabe sollte seine subjektive Art oder Unart ungeniert herausbilden, gleichsam spielend sich selbst erziehn, man wollte lauter Rousseausche Emile, das Endziel war der »starke Mensch«. Diese Emanzipation der Jugend vom alten Schulzwange hatte zunächst Basedow in die derbe Faust genommen, von dessen Dessauer Philantropie Herder sagte: »Mir kommt alles schrecklich vor; man erzählte mir neulich von einer Methode, Eichwälder in zehn Jahren zu machen; wenn man den jungen Eichen unter der Erde die Herzwurzeln nähme, so schieße alles über der Erde in Stamm und Äste. Das ganze Arkanum Basedows liegt, glaub ich, darin, und ihm möchte ich keine Kälber zu erziehen geben, geschweige Menschen.« – Basedow war ein revolutionärer Renommist, sein Nachfolger Campe ein zahmer Philister; jener hat diesen Realismus aufgebracht, Campe hat ihn für die Gebildeten zurechtgemacht und

Goethe das ganze Treiben in seinen »Wanderjahren« köstlich parodiert.

Allein solcher Umschwung macht sich nirgend so plötzlich, als die sich überstürzenden Pädagogen es wollten und erwarteten. Namentlich die Gymnasien waren noch keineswegs nach der neuen Schablone zugeschnitten, und es dauerte eine geraume Zeit, ehe hier der moderne Realismus, neben dem alten Klassizismus freundnachbarlich Platz nehmen konnte. Sie waren noch weit davon entfernt, jene Musterkarte von Vielwisserei zu bieten, die nur das eingebildete Halbwissen erzeugt, indem sie das fröhliche Argonautenschiff der Jugend über seine natürliche Tragfähigkeit, mit einer ganz disparaten Ausrüstung belastet, von der dann gewöhnlich die Hälfte als unnützer Ballast wieder über Bord geworfen wird. Die protestantischen Gymnasien jener Zeit basierten noch wesentlich auf der Reformation, welche die Philologie als eine Weltmacht hingestellt hatte. Sie litten daher allerdings an einer, fast nur für künftige Professoren oder Theologen berechneten philologischen Starrheit; haben aber in dieser einseitigen Gründlichkeit Außerordentliches geleistet und eine Menge namhafter Gelehrten in die Welt gesandt. – Dasselbe kann man von den damaligen katholischen Gymnasien nicht rühmen. Diese befanden sich früher größtenteils in den Händen der Jesuiten, die eine mehr allgemeine Bildung mit einer gewissen klösterlichen Zucht und Strenge gar wohl zu vereinigen wußten. Jetzt aber, nach Aufhebung des Ordens, sahen sie sich plötzlich von allen Seiten den Anfechtungen des tumultuarischen Zeitgeistes, und zwar wehrlos, ausgesetzt. Denn die übriggebliebenen Exjesuiten und mit ihnen ihre alten Erziehungstraditionen waren allmählich ausgestorben, und die neuen Lehrkräfte, wie sie die veränderte Zeit durchaus erforderte, noch keineswegs herangebildet. Es entstand aber, bevor man sich nur erst einigermaßen orientiert hatte, notwendig ein augenblicklicher Stillstand, eine sehr fühlbare hin und her schwankende Unsicherheit und schüchterne Nachahmung des protestantischen Wesens, die natürlich anfangs ziemlich ungeschickt ausfallen mußte. Nur das fortdauernde Bedürfnis eines feierlichen Gottesdienstes erhielt hier noch lange Zeit eine ernste und gründliche musikalische Schule, aus der mancher berühmte Künstler hervorgegangen ist. Die Schüler veranstalteten zwar noch immer zur Weihnachtszeit theatralische Vorstellungen, aber statt der früheren, mit aller würdigen Pracht ausgestatteten Aufführung geistlicher Schauspiele, wo man nicht selten kühn auf die Meisterwerke Calderons zurückgegriffen hatte, wurden jetzt alberne Stücke aus dem »Kinderfreund«, ja sogar Kotzebueaden

914

gegeben. Auch ihre sogenannten Konvikte bestanden noch, wirkten jedoch häufig störend durch den aristokratischen Unterschied zwischen den armen Freischülern (Fundatisten) und den reichen Pensionärs, die fast ausschließlich dem Adel angehörten. Denn auch der Adel mußte nun, wenn er nicht von der Zukunft exkludiert sein wollte, dem allgemeinen Zuge folgen. Das nach dem neuen Maßstabe durchaus unzureichende Hauslehrerunwesen, sowie die Pariser Reisestudien hatten fast ganz aufgehört, der Offiziersdienst reduzierte sich immer mehr erblich von Generation zu Generation auf bestimmte unbegüterte Militärfamilien, die jungen Kavaliere gingen auf die Gymnasien wie die andern. Ihre Erziehung war also keine spezifisch adelige mehr, sondern mehr oder minder in die Volksschule aufgegangen.

Fast noch unmittelbarer berührte jedoch den Adel der gleichzeitig zur Herrschaft gelangte Kosmopolitismus, jener seltsame »Überall und Nirgends«, der in aller Welt und also recht eigentlich nirgend zu Hause war. Aus allen möglichen und unmöglichen Tugenden hatte man für das gesamte Menschengeschlecht eine prächtige Bürgerkrone verfertigt, die auf alle Köpfe passen sollte, als sei die Menschheit ein bloßes Abstraktum und nicht vielmehr ein lebendiger Föderativstaat der verschiedensten Völkerindividuen. Alle Geschichte, alles Nationale und Eigentümliche wurde sorgfältigst verwischt, die Schulbücher, die Romane und Schauspiele predigten davon; was Wunder, daß die Welt es endlich glaubte! Der Adel aber war durchaus historisch, seine Stammbäume wurzelten grade in dem Boden ihres speziellen Vaterlandes, der ihnen nun plötzlich unter den Füßen hinwegphilosophiert wurde. Diese barbarische Gleichmacherei, dieses Verschneiden des frischen Lebensbaumes nach einem eingebildeten Maße war die größte Sklaverei; denn was wäre denn die Freiheit anderes, als eben die möglichst ungehinderte Entwickelung der geistigen Eigentümlichkeit?

Hiermit hing wesentlich auch das politische Dogma zusammen, wonach alle Laster, wie etwa jetzt den Jesuiten, dem Adel, alle Tugenden den niederen Ständen zugewiesen wurden. Wer erinnert sich nicht noch aus den damaligen Leihbibliotheken und Theatern der falschen Minister, der abgefeimten Kammerherren, der Scharen unglücklicher Liebender, die vom Ahnenstolz unbarmherzig unter die Füße getreten werden, sowie andrerseits der edelmütigen Essighändler, biederen

915

Förster usw., wovon z.B. Schillers »Kabale und Liebe« ein geistreiches Resumee gibt. Allein in der Wirklichkeit verhielt es sich anders als in den Leihbibliotheken; es war, nur unter verschiedenen Formen und Richtungen, der eine eben nicht besser und nicht schlimmer als der andre. Der Bauernstolz ist sprichwörtlich geworden, und die Bauern sind noch heutzutage die letzten Aristokraten vom alten Stil. Der Bürgerstand aber hatte längst dieselbe retrograde Bewegung gemacht, wie der Adel. Seine ursprüngliche Bedeutung und Aufgabe war die Wiederbelebung der allmählich stagnierenden Gesellschaft durch neue bewegende Elemente, mit einem Wort: die Opposition gegen den verknöcherten Aristokratismus. In seiner frischen Jugend daher, da er noch mit dem Rittertum um die Weltherrschaft gerungen, atmete er wesentlich einen republikanischen Geist. Die Städte regierten und verteidigten sich selbst, ihre streng gegliederten Handwerkerinnungen waren zugleich eine kriegerische Verbrüderung zu Schutz und Trutz, und die Handelsfahrten in die ferne Fremde erweiterten ihr geistiges Gebiet weit über den beschränkten Gesichtskreis der einsam lebenden Ritter hinaus. Da war überall ein rüstiges Treiben, Erfinden, Wagen, Bauen und Bilden, wovon ihre Münster, sowie ihre welthistorische Hansa ein ewig denkwürdiges Zeugnis geben. Nachdem aber draußen die Burgen gebrochen und somit die bewegenden Ideen der zu erobernden Reichsfreiheit abgenutzt und verbraucht waren, fingen sie nach menschlicher Weise an, die materiellen Mittel, womit ihre jugendliche Begeisterung so Großes geleistet, als Selbstzweck zu betrachten; gleichwie sie ja auch in der Kunst nun die handwerksmäßigen Reimtabulaturen ihres Meistergesanges für Poesie nahmen. Und mit dieser gemeinen Herabstimmung hatten sie auch sich selbst schon aufgegeben, denn ihre Stärke war die Korporation, die Korporation aber ist nur stark durch den beseelenden Geist, der alle dem Ganzen unterordnet und keinen Egoismus duldet. Da aber, wie gesagt, dieser strenge Geist ihnen im Siegesrausch abhanden gekommen, so mußten nun wohl ihre großartigen Vereine in ihre einzelnen Bestandteile auseinanderfallen und jeder Teil in seinen bloßen Schein umschlagen; von ihrer lebendigen Gliederung blieb nur die pedantische Schablone, von ihrem fröhlichen Volksliede nur die Reimtabulatur übrig, ihre Stadtwehr 916 wurde zur geputzten Schützengilde, die nach gemalten Feinden schoß, der alte Welthandel zur Kleinkrämerei. In ihrer schönen Jugendzeit hatten sie die Buchdruckerkunst um der Wissenschaft willen ersonnen und um Gottes willen Kirchen gebaut, an deren kühnen Pfeilern und Türmen die heutigen Geschlechter schwindelnd emporschauen. Jetzt bauten sie Fabriken und Arbeiterkasernen, erfanden klappernde Maschinen zum Spinnen und Weben, und es ist offenbar, die Industrie wuchs zusehends weit und breit. Aber wir dürfen uns keine Illusionen machen. Die Industrie an sich ist eine ganz gleichgültige Sache, sie erhält nur durch die Art ihrer Verwendung und Beziehung auf höhere Lebenszwecke Wert und Bedeutung.

So hatte also der Bürgerstand – dessen Seele die geistige Bewegung, oder wie wir es jetzt nennen würden: das Prinzip des beständigen Fortschritts war – sich kampfesmüde auf den goldenen Boden des Handwerks gelegt, und die Städte waren allmählich aus einer Weltmacht eine Geldmacht geworden. Allein hierin war ihnen der Adel im allgemeinen durch seinen großen Landbesitz noch immer bedeutend überlegen; sie hatten sich mit ihm auf denselben materiellen Boden gestellt, auf dem sie ihn unmöglich innerlich bewältigen konnten. Sie suchten daher nun äußerlich mit ihm zu rivalisieren, sie wollten nicht bloß frei und reich, sondern auch vornehm sein. Das ist aber jederzeit ein höchst mißliches Unternehmen, denn um vornehm zu erscheinen, muß man, wie Goethe irgendwo sagt, wirklich vornehm, d.h. durch die allgemeine Meinung irgendwie bereits geadelt sein. Das forcierte Vornehmtun macht gerade den entgegengesetzten Effekt: »man merkt die Absicht und ist verstimmt«; wogegen das wirklich Vornehme sich durchaus bequem und passiv zeigt, als ein natürliches bloßes Ablehnen des Gemeinen bei völliger Unbekümmertheit um eine höhere Geltung, die sich ja schon ganz von selbst versteht. Es ist demnach sehr begreiflich, daß jene kleinliche Rivalität der Bürgerlichen, da sie auf der neuen Bühne die ihnen noch mangelnde Routine durch feierlichen Pathos zu ersetzen strebten, anfangs noch ziemlich ungeschickt ausfallen mußte, und daß der Adel seinerseits diese gewaltsamen und pompösen Anstrengungen der »Ellenreiter« mit einer gewissen Schadenfreude belächelte.

Beides indes, dieses Lächeln sowie jenes Großtun, nahm plötzlich ein Ende mit Schrecken, als gegen Schluß des vorigen Jahrhunderts auf einmal die ganze Aufklärung, die echte und die falsche, aus den Bücherschränken in alle Welt ausfahren. Es handelte sich nun nicht mehr um dies und jenes, sondern um die gesamte Existenz, Satan sollte durch Beelzebub ausgetrieben werden, es war ein Krieg aller gegen alle. Der grobe Materialismus rang mit körperlosen Abstrakten, die zärtliche Humanität fraternisierte mit der Bestialität des Freiheitspöbels, die dickköpfige Menschheit wurde mit Bluthunden zu ihrer neuen Glückseligkeit gehetzt, und Philosophie und Aberglauben und Atheismus rannten wild gegeneinander, so daß zuletzt in dem rasenden Getümmel niemand mehr wußte, wer Freund oder Feind. – Und in dieser ungeheueren Konfusion tat der Adel grade das Allerungeschickteste. Anstatt die im Sturm umher flatternden Zügel kraft höherer Intelligenz kühn zu erfassen, isolierte er sich stolz grollend und meinte durch Haß und Verachtung die eilfertige Zeit zu bezwingen, die ihn natürlich in seinem Schmollwinkel sitzenließ. Aber nur die völlige Barbarei kann ohne Adel bestehen. In jedem Stadium der Zivilisation wird es, gleichviel unter welchen Namen und Formen, immer wieder Aristokraten geben, d.h. eine bevorzugte Klasse, die sich über die Massen erhebt, um sie zu lenken. Denn der Adel (um ihn bei dem einmal traditionell gewordenen Namen zu nennen) ist seiner unvergänglichen Natur nach das ideale Element der Gesellschaft; er hat die Aufgabe, alles Große, Edle und Schöne, wie und wo es auch im Volke auftauchen mag, ritterlich zu wahren, das ewig wandelbare Neue mit dem ewig Bestehenden zu vermitteln und somit erst wirklich lebensfähig zu machen. Mit romantischen Illusionen und dem bloßen eigensinnigen Festhalten des längst Verjährten ist also hierbei gar nichts getan. Dahin aber scheint der heutige Aristokratismus allerdings zu ziehen, dem wir daher zum Valet wohlmeinend zurufen möchten:

Prinz Rokoko, hast dir Gassen
Abgezirkelt fein von Bäumen
Und die Bäume scheren lassen,
Daß sie nicht vom Wald mehr träumen.

Wo sonst nur gemein Gefieder
Ließ sein bäurisch Lied erschallen,
Muß ein Papagei jetzt bieder:
»Vivat Prinz Rokoko!« lallen.

Quellen, die sich unterfingen,
Durch die Waldesnacht zu tosen,

Läßt du als Fontänen springen
Und mit goldnen Bällen kosen.

Und bei ihrem sanften Rauschen
Geht Damöt bebändert flöten
Und in Rosenhecken lauschen
Daphnen fromm entzückt Damöten.

Prinz Rokoko, Prinz Rokoko,
Laß dir raten, sei nicht dumm!
In den Bäumen, wie in Träumen,
Gehen Frühlingsstimmen um.

Springbrunn in dem Marmorbecken
Singt ein wunderbares Lied,
Deine Taxusbäume recken
Sehnend sich aus Reih und Glied.

Daphne will nicht weiter schweifen
Und Damöt erschrocken schmält,
Können beide nicht begreifen,
Was sich da der Wald erzählt.

Laß die Wälder ungeschoren,
Anders rauscht's, als du gedacht
Sie sind mit dem Lenz verschworen,
Und der Lenz kommt über Nacht.

919

II. Halle und Heidelberg

Das vorige Jahrhundert wird mit Recht als das Zeitalter der Geisterrevolution bezeichnet. Allein damals wurden nur erst Parole und Feldgeschrei ausgeteilt, es war nur der erste Ausbruch des großen Kampfes, der sich unter wechselnden Evolutionen an das neunzehnte Jahrhundert vererbt hat, und noch bis heute nicht ausgefochten ist. Die deutschen Universitäten aber sind die Werbeplätze und Übungslager dieses von Generation zu Generation sich erneuernden Kriegsheeres. Von Wittenberg ging einst die Reformation aus, von Halle die Wolffsche Lehre, 919 von Königsberg die Kantsche, von Jena die Fichtesche und Schellingsche Philosophie; lauter unsichtbare Gedankenkatastrophen, die einen wesentlichen und entscheidenderen Einfluß auf das Gesamtleben ausgeübt haben, als sich die Staatskünstler träumen ließen.

Bekanntlich ist unser Jahrhundert unter dem Gestirn der Aufklärung geboren. Kant hatte soeben die philosophische Arbeit seiner Vorgänger streng geordnet und, da er dieselbe in seiner großartigen Wahrheitsliebe für das Ganze als unzureichend erkannte, die Welt lieber sogleich in zwei Provinzen geteilt: in die durch menschliche Erfahrung wahrnehmbare, die er sich glorreich erobert, und in die terra incognita des Unsichtbaren, die er mit der nur dem Genie eigenen heiligen Scheu auf sich beruhen ließ. Seine Schüler aber wollten klüger sein als der Meister und alles aufklären; eine Art chinesischer Schönmalerei ohne allen Schatten, der doch das Bild erst wahrhaft lebendig macht. Sie setzten daher nun ihren lichtseligen Verstand ganz allgemein als alleinigen Weltbeherrscher ein; es sollte fortan nur noch einen Vernunftstaat, nur Vernunftreligion, Vernunftpoesie usw. geben. Da jedoch jene zweite dunkle Provinz höchst unvernünftig mit ihrer Phantasie, mit ihrem Glauben, ihren Volksgefühlen und Traditionen gegen dieses unerhörte Regiment zu rebellieren unternahm, so machten sie sich's bequem, indem sie das Geheimnisvolle und Unerforschliche, das sich durch das ganze menschliche Dasein hindurchzieht, ohne weiteres als störend und überflüssig negierten. Kein Wunder demnach, daß das deutsche Leben und das deutsche Reich, das grade auf diesen unsichtbaren Fundamenten vorzugsweise geruht, sich nun nach allen Seiten hin bedenklich senkte und zuletzt so lebensgefährliche Risse bekam, daß es von Polizei wegen abgetragen werden mußte. Und so war denn in der Tat der ganze alte Bau schon im Anfange unseres Jahrhunderts in sich zusammengebrochen; der Sturm der Französischen Revolution und der nachfolgenden Fremdherrschaft hat nur den unnützen Schutt auseinandergefegt.

Allein auf freiem Felde können dauernd nur Wilde wohnen, über die man sich bei aller Naturvergötterung doch so unendlich erhaben fühlte. Das begriffen alle, und so entstand damals sofort ein unerhörtes Treiben, Klopfen, Hämmern und Richten, als wäre alle Welt plötzlich Freimaurer geworden. Aber der Neubau förderte nicht, weil sie über Fundament, Grund- und Aufriß fortwährend untereinander zankten. Am geschäftigsten und vergnügtesten nämlich zeigten sich zunächst die alten zähen Enzyklopädisten, die jetzt auf dem völlig kahlgefegten Bauplatze endlich ganz freie Hand hatten. Diese wußten wirklich nicht, daß seit Erschaffung der Erde schon mancherlei Bemerkenswertes darauf sich zugetragen; sie wollten daher schlechterdings die Welt ganz von neuem anfangen und abstrakt konstruieren. Als Material hierzu trockneten sie vorerst alle Seelenkräfte auf, um sie in ihren philosophischen Herbarien gehörig zu klassifizieren, und daraus gingen damals die zahllosen neuen Gesetzbücher mit ihren Urrechten und Menschenveredelungen hervor. Sie waren, was sie freilich am wenigsten sein wollten, eigentlich gutmütige Phantasten, wie ja jederzeit grade bei den Nüchternsten das bißchen defekte Phantasie am häufigsten überschnappt, welches der gesunden nicht leicht begegnet. Es ist hiernach auch sehr begreiflich, daß in dieser alles verwischenden Gleichmacherei ohne Nationalität und Geschichte ein kühner Geist, wie Napoleon, den Gedanken einer ganz gleichförmigen europäischen Universalmonarchie fassen konnte.

Aber diesen Transzendentalen gegenüber oder vielmehr direkt entgegen arbeiteten gleichzeitig ganz andere Bauleute: die Freischar der Romantiker, die in Religion, Haus und Staat auf die Vergangenheit wieder zurückgingen; also eigentlich die historische Schule. Das deutsche Leben sollte aus seinen verschütteten geheimnisvollen Wurzeln wieder frisch ausschlagen, das ewig Alte und Neue wieder zu Bewußtsein und Ehren kommen. – Da jedoch beide Parteien einander keineswegs hinreichend gewachsen waren, so nahm bei solchem Stoß und Gegenstoß späterhin die ganze Sache eine diagonale Richtung. Es entstand die aus beiden widerstrebenden Elementen wunderlich komponierte moderne Vaterländerei; ein imaginäres Deutschland, das weder recht vernünftig, noch recht historisch war.

Alle diese verschiedenen Richtungen waren natürlich vorzugsweise und in möglichster Konzentration auch auf den deutschen Universitäten repräsentiert. Namentlich in dem ersten Dezennium unseres Jahrhunderts bildeten dort die obenerwähnten Abstrakten, meist halbverkommene Kantianer, durchaus noch die tonangebende Majorität. Die Philosophen setzten in ihrer Logik, wie wenn man beim Lesen erst wieder buchstabieren sollte, umständlich auseinander, was sich ganz von selbst verstand; die Theologen lehrten eine elegante Aufklärungsreligion; die Juristen ein sogenanntes Naturrecht, das nirgends galt und niemals gelten konnte. Nur etwa die Lehrer des römischen Rechts machten hie und da eine auffallende Ausnahme, weil der Gegenstand sie zwang, sich in das Positive einer großartigen Vergangenheit zu vertiefen. Es ist bekannt, wie Bedeutendes *Thibaut* auf diesem Felde geleistet und wie der mild-ernste *Savigny*, der überdies niemals in dieser Reihe gestanden, grade damals sich überall neue Bahnen gebrochen hat. Jene halbinvaliden und philosophischen Handwerker dagegen, da sie an sich so wenig Anziehungskraft besaßen, suchten nun mit allerlei schlauen Kunststücken zu werben; die Derbsten unter ihnen durch zum Teil sehr schmutzige Witze und Späße, die alljährlich bei demselben Paragraphen wiederkehrten; die vornehmeren, zumal wenn sie heiratslustige Töchter hatten, durch intime Soireen und Plaudertees, um die bärtigen Burschen zu zivilisieren. Und das gelang auch ganz vortrefflich, denn zu ihnen hielt in der Tat bei weitem die Mehrzahl der jungen Leute, nämlich alle die unsterblichen Bettelstudenten, wie man sie billigerweise nennen sollte, da sie bloß auf Brot studieren. Es war wahrhaft rührend anzusehen, wie da in den überfüllten Auditorien in der schwülen Atmosphäre der entsetzlichsten Langenweile Lehrer und Schüler um die Wette verzweiflungsvoll mit dem Schlummer rangen, und dennoch überall die Federn unermüdlich fortschwirrten, um die verschlafene Wissenschaft zu Papier zu bringen und in sauberen Heften gewissenhaft heimzutragen.

Allein nebenher ging auch noch ein anderer geharnischter Geist durch diese Universitäten. Sie hatten vom Mittelalter noch ein gut Stück Romantik ererbt, was freilich in der veränderten Welt wunderlich und seltsam genug, fast wie Don Quijote, sich ausnahm. Der durchgreifende Grundgedanke war dennoch ein kerngesunder: der Gegensatz

921

von Ritter und Philister. Stets schlagfertige Tapferkeit war die Kardinaltugend des Studenten, die Muse, die er oft gar nicht kannte, war seine Dame, der Philister der tausendköpfige Drache, der sie schmählich gebunden hielt, und gegen den er daher, wie der Malteser gegen die Ungläubigen, mit Faust, List und Spott beständig zu Felde lag; denn die Jugend kapituliert nicht und kennt noch keine Konzessionen. Und gleichwie überall grade unter Verwandten – weil sie durch gleichartige Gewohnheiten und Prätensionen einander wechselseitig in den Weg treten – oft die grimmigste Feindschaft ausbricht, so wurde auch hier aller Philisterhaß ganz besonders auf die Handwerksburschen (Knoten) gerichtet. Wo diese etwa auf dem sogenannten breiten Steine (dem bescheidenen Vorläufer des jetzigen Trottoirs) sich betreten ließen, oder gar Studentenlieder anzustimmen wagten, wurden sie sofort in die Flucht geschlagen. Waren sie aber vielleicht in allzu bedeutender Mehrzahl, so erscholl das allgemeine Feldgeschrei: »Burschen heraus!« Da stürzten, ohne nach Grund und Veranlassung zu fragen, halbentkleidete Studenten mit Rapieren und Knütteln aus allen Türen, durch den herbeieilenden Sukkurs des nicht minder rauflustigen Gegenparts wuchs das improvisierte Handgemenge von Schritt zu Schritt, dichte Staubwirbel verhüllten Freund und Feind, die Hunde bellten, die Häscher warfen ihre Bleistifte (mit Fangeisen versehene Stangen) in den verwickelten Knäuel; so wälzte sich der Kampf oft mitten in der Nacht durch Straßen und Gäßchen fort, daß überall Schlafmützen erschrocken aus den Fenstern fuhren und hie und da wohl auch ein gelocktes Mädchenköpfchen in scheuer Neugier hinter den Scheiben sichtbar wurde.

Die damaligen Universitäten hatten überhaupt noch ein durchaus fremdes Aussehen, als lägen sie außer der Welt. Man konnte kaum etwas Malerischeres sehen, als diese phantastischen Studententrachten, ihre sangreichen Wanderzüge in der Umgebung, die nächtlichen Ständchen unter den Fenstern imaginärer Liebchen; dazu das beständige Klirren von Sporen und Rapieren auf allen Straßen, die schönen jugendlichen Gestalten zu Roß, und alles bewaffnet und kampfbereit wie ein lustiges Kriegslager oder ein permanenter Mummenschanz. Alles dies aber kam erst zu rechter Blüte und Bedeutsamkeit, wo die Natur, die ewig jung, auch am getreusten zu der Jugend hält, selber mitdichtend studieren half. Wo, wie z.B. in Heidelberg, der Waldhauch von den Bergen erfrischend durch die Straßen ging und nachts die

Brunnen auf den stillen Plätzen rauschten, und in dem Blütenmeer der Gärten rings die Nachtigallen schlugen, mitten zwischen Burgen und Erinnerungen einer großen Vergangenheit; da atmete auch der Student freier auf und schämte vor der ernsten Sagenwelt sich der kleinlichen Brotjägerei und der kindischen Brutalität. Wie großartig im Vergleich mit anderen Studentengelagen war namentlich der Heidelberger Kommers, hoch über der Stadt auf der Altane des halbverfallenen Burgschlosses, wenn rings die Täler abendlich versunken, und von dem Schlosse nun der Widerschein der Fackeln die Stadt, den Neckar und die drauf hingleitenden Nachen beleuchtete, die freudigen Burschenlieder dann wie ein Frühlingsgruß durch die träumerische Stille hinzogen und Wald und Neckar wunderbar mitsangen. – So war das ganze Studentenwesen eigentlich ein wildschönes Märchen, dem gegenüber die übrige Menschheit, die altklug den Maßstab des gewöhnlichen Lebens daran legte, notwendig, wie Sancho Pansa neben Don Quijote, philisterhaft und lächerlich erscheinen mußte.

In jener Zeit brütete äußerlich noch ein unheimlicher Frieden über Deutschland, aber die prophetischen Gedanken, die den Krieg bedeuten, arbeiteten gebunden in jeder Brust, und suchten sich überall in wunderlichen Geheimbünden Luft zu machen. Auch auf den Universitäten bestanden dergleichen Ordensverbindungen, noch ohne speziell politischen Beischmack, bloß auf allgemeine humanistische Zwecke gerichtet, mit allerlei abenteuerlichen Symbolen, furchtbaren Eiden und rasselndem Heldenschmuck, wie man es damals in den vielen Ritterromanen fand. Bestand auch ihr Hauptreiz eben nur in ihrer Heimlichkeit, die Sache war doch ehrlich, bitterernst und für die ganze Lebenszeit gemeint. Als aber jene humanistischen Ideen nach und nach abgenutzt, und alle Lebensverhältnisse immer matter wurden, da trat auch hier an die Stelle der strengen Orden die laxere Observanz der Landsmannschaften. Wie man draußen in der Philisterwelt nun mit dem Anstand statt der Tugend sich begnügte, so gingen auch diese Landsmannschaften eigentlich nur auf den Schein des Seins, auf den bloßen »Komment«. Gegen eine nähere Verbrüderung der speziellen Landsleute, obgleich im allgemeinen beengend und einseitig, ließ sich im Grunde nicht viel einwenden. Allein dies war nicht einmal der Fall bei ihnen, sie warben eifersüchtig auch aus anderen Provinzen und verfolgten die eigenen Landsleute, wenn sie sich ihrem Zwange nicht unterwerfen mochten. Und da mithin hier die rechte sittliche

Grundlage fehlte, dieses Treiben vielmehr, wie schon der selbstgewählte fade Name »Kränzchen« andeutet, sich lediglich auf der Oberfläche geselliger Verhältnisse bewegte; so artete das Ganze sehr bald in bloßes Dekorationswesen, in ein pedantisches Systematisieren der Jugendlust aus; Mut, Fröhlichkeit, Tracht, Trinken, Singen, alles hatte seine handwerksmäßige Tabulatur, das unwürdige Prellen und Pressen der »Füchse« war ein löbliches Geschäft, Sittenlosigkeit und affektierte Roheit eine besondere Auszeichnung, und es ist hiernach leicht erklärlich, daß grade ihre Matadore im späteren Leben oft die stattlichsten Philister wurden. Mit der inneren Hohlheit aber wuchs die Prätension, sie knechteten die akademische Freiheit, indem jeder nur auf *ihre* Weise frei sein sollte, und so währte noch langehin ein gewaltiges Ringen zwischen ihnen und den alternden Orden; ein Kampf, der in einzelnen Fällen mit einer heroischen Aufopferung geführt wurde, die wohl eines größeren Zieles würdig gewesen wäre. So faßte z.B. einst ein hervorragendes Ordensmitglied den kühnen Gedanken sich unerkannt mitten in das feindliche Lager zu begeben, um durch Überredung, Rat und Tat die Gegenpartei zu den Seinigen herüberzuführen. Er hatte sich auch wirklich bereits zum Senior einer Landsmannschaft heraufgeschwungen, und der abenteuerliche Plan wäre fast geglückt, als feiger Verrat alles zu früh aufdeckte, und er nun in zahllosen Zweikämpfen sich durch sämtliche Landsmannschaften wieder herausschlagen mußte, was allerdings ein Kampf auf Tod und Leben war. Das mag uns in gesetzteren Jahren jetzt unnütz und kindisch erscheinen; es war aber immerhin eine Vorschule bedeutender Charaktere, die, wie wir wissen, zur Zeit der Not und als es höhere Dinge galt, sich als tüchtig bewährt haben.

So war in der Tat auf den Universitäten eine gewisse mittelalterliche Ritterlichkeit niemals völlig ausgegangen und selbst in jener Verzerrung und Profanation noch erkennbar. Unter allen diesen Jünglingen aber bildeten die eigentlichen, die *literarischen* Romantiker wiederum eine ganz besondere Sekte. – Die allgemeine Stimmung oder vielmehr Verstimmung war schon seit langer Zeit so prosaisch geworden, daß jeder romantische Anflug für ein Sakrilegium gegen den gesunden Menschenverstand gehalten und höchstens als ein barocker Jugendstreich noch toleriert wurde. Der schwere Proviantwagen der Brotwissenschaften bewegte sich langsam in dem hergebrachten Geleise eines hölzernen Schematismus, die Religion mußte Vernunft annehmen und

beim Rationalismus in die Schule gehn, die Natur wurde atomistisch
wie ein toter Leichnam zerlegt, die Philologie vergnügte sich gleich
einem kindisch gewordenen Greise mit Silbenstechen und endlosen
Variationen über ein Thema, das sie längst vergessen, die bildende
Kunst endlich brüstete sich mit einer sklavischen Nachahmung der
sogenannten Natur. Die Kraftgenies in den achtziger Jahren des vorigen
Jahrhunderts hatten durch ihre Übertreibung und lärmende Renom-
misterei das Übel eigentlich nur noch schlimmer und unheilbarer ge-
macht, indem sie in vollem Burschenwichs ohne weiteres aus der
Universität in die Welt hinaussprengten und Leben und Literatur
burschikos einrichten wollten, was natürlicherweise einen allgemeinen
Landsturm der Gelehrten gegen die Freibeuter auf die Beine brachte.
Zwar hatten Lessing, Hamann und Herder nach den verschiedensten
Richtungen hin schon Blitze und Leuchtkugeln dazwischengeschleudert.
Allein Lessings kritische Blitze waren nur kalte Schläge, und da sie
nicht zündeten, meinte jeder, es gelte den Nachbar, und hielt ihn ge-
trost für den Seinigen. Herder dagegen trug aus aller Welt herrliche
Bausteine zusammen, als es aber ans Bauen kam, war er inzwischen
alt und müde geworden, sein Leben und Wirken blieb ein großartiges
Fragment; und Hamanns Geisterstimme verklang unverstanden in
den Wolken. Auch in der Poesie hatten Goethe und Schiller bereits
den neuen Tag angebrochen, aber sie hatten noch keine Gemeinde.
Das Wetterleuchten dieser Genien, obgleich den Frühling andeutend
und vorbereitend, blendete und erschreckte vielmehr im ersten Augen-
blick die Menge; man hörte überall die Sturmglocken gehn, niemand
aber wußte, ob und wo es brennt, die einen wollten löschen, die anderen schüren, und so entstand die allgemeine Konfusion, womit das
neunzehnte Jahrhundert debütierte.

Da standen unerwartet und fast gleichzeitig mehrere gewaltige
Geister in bisher ganz unerhörter Rüstung auf: Schelling, Novalis, die
Schlegels, Görres, Steffens und Tieck. Schelling mit seiner kleinen
Schrift über das akademische Studium, worin er den geheimnisvollen
Zusammenhang in den Erscheinungen der Natur sowie in den Wis-
senschaften andeutete, warf den ersten Feuerbrand in die Jugend;
gleich darauf suchten andere diese pulsierende Weltseele in den ein-
zelnen Doktrinen nachzuweisen: Werner in der Geologie, Creuzer im
Altertum und dessen Götterlehre, Novalis in der Poesie. Es war, als
sei überall, ohne Verabredung und sichtbaren Verein, eine Verschwö-

rung der Gelehrten ausgebrochen, die auf einmal eine ganz neue wunderbare Welt aufdeckte.

Am auffallendsten wohl zeigte sich die Verwirrung, welche diese plötzliche Revolution anrichtete, auf der damals frequentesten Universität: in *Halle*, weil dort das heterogenste Material auch den entschiedensten Kampf provozierte. Hier trennte sich alles in zwei Hauptlager: in das stabile der Halbinvaliden, und das bewegliche des neuen Freikorps, während das letztere wieder in mehrere verschiedenartige Gruppen zerfiel, welche aber von der Jugend, die noch nicht so ängstlich sondert, unter den Begriff der Romantik zusammengefaßt wurden. An der Spitze der Romantiker stand *Steffens*. Jung, schlank, von edler Gesichtsbildung und feurigem Auge, in begeisterter Rede kühn und wunderbar mit der ihm noch fremden Sprache ringend, so war seine Persönlichkeit selbst schon eine romantische Erscheinung, und zum Führer einer begeisterungsfähigen Jugend vorzüglich geeignet. Sein freier Vortrag hatte durchaus etwas Hinreißendes durch die dichterische Improvisation, womit er in allen Erscheinungen des Lebens die verhüllte Poesie mehr divinierte, als wirklich nachwies. Am unmittelbarsten mußte diese Naturphilosophie begreiflicherweise die Mediziner berühren, unter denen die besseren Köpfe sich jetzt von der bisherigen Empirie zu dem ritterlichen *Reil* und zu *Froriep* wandten, die überall auf das geheimnisvolle Walten höherer Naturkräfte hindeuteten. – Eine andere Gruppe wieder bildeten die jungen Theologen, welche sich um *Schleiermacher* scharten. Dieser merkwürdig komponierte Geist schien, seiner ursprünglichen stachelichten Anlage nach zum Antipoden der Romantik geeignet; und doch hielt er wacker zu ihr, und hat auf demselben platonischen Wege der Theologie, die damals zum Teil in toten Formeln, zum Teil in fader Erfahrungsseelenlehre sich erging, wieder Gemüt erobert; eine Art von geharnischtem Pietismus, der mit scharfer Dialektik alle Sentimentalität männlich zurückwies. – Am entferntesten wären vielleicht die Philologen geblieben, hätte nicht *Wolf*, obgleich persönlich nichts weniger als Romantiker, hier wider Wissen und Willen die Vermittelung übernommen durch den divinatorischen Geist, womit er das ganze Altertum wieder lebendig zu machen wußte, sowie durch eine geniale Humoristik und den schneidenden Witz, mit dem der stets Streitlustige gegen Schütz und andere, welche die Alten noch immer mumienhaft einzubalsamieren fortfuhren, fast in dramatischer Weise beständig zu Felde lag. –

927

Zwischen diese Gruppen klemmte sich endlich noch eine ganz besondere Spezies von Philosophen herein, die den unmöglichen Versuch machte, die Kantsche Lehre ins Romantische zu übersetzen. Hierher gehörte Professor *Kayßler*, ein ehemaliger katholischer Priester, der geheiratet, und nun, gleichsam zur Rechtfertigung dieses abenteuerlichen Schrittes, sich eine noch abenteuerlichere Philosophie erfunden hatte. Er hatte es indes als doppelter Renegat mit den Kantianern wie mit den Romantikern verdorben; seine trockenen, abstrusen Vorträge fanden fast nur unter seinen schlesischen Landsleuten geringen Anklang, und wir wollten ihn hier bloß nennen, um das Bild der damaligen elementarischen Gärung möglichst zu vervollständigen. – Gegenüber allen diesen neuen Bestrebungen lag aber die breite schwere Masse der Kantschen Orthodoxen und der Stockjuristen, sämtlich von dem wohlfeilen Kunststück vor nehmen Ignorierens fleißig Gebrauch machend; unter den letzteren einerseits *Schmaltz*, der nachherige Geheimrat der Demagogenjäger, der die Kantsche Philosophie, die er vor kurzem sich in Königsberg geholt, auf seine faselige Weise elegant zu machen suchte; andrerseits Dabelow, König, Woltaer u.a., die von der Philosophie überhaupt nichts wußten.

Übrigens stand Halle, so unfreundlich auch die Stadt und ein großer Teil ihrer Umgebung ist, in jener Zeit noch in mancherlei lokalem Rapport mit der romantischen Stimmung. Der nahe Giebichenstein mit seiner Burgruine, an die sich die Sage von Ludwig dem Springer knüpft, war damals noch nicht modern englisiert und eingehegt, wie jetzt, und bot in seiner verwilderten Einsamkeit eine ganz artige Werkstatt für ein junges Dichterherz. Wer als Jüngling von dieser Höhe hinabgeblickt, und sie im Alter nach vielen Jahren wiedersieht, dem wird vielleicht dabei ungefähr zumute sein, wie dem Autor nachstehenden Liedchens:

Da steht eine Burg überm Tale
Und schaut in den Strom hinein,
Das ist die fröhliche Saale,
Das ist der Giebichenstein.

Da hab ich so oft gestanden,
Es blühten Täler und Höhn,

Und seitdem in allen Landen
Sah ich nimmer die Welt so schön!

Durchs Grün da Gesänge schallten,
Von Rossen, zu Lust und Streit,
Schauten viel schlanke Gestalten
Gleichwie in der Ritterzeit.

Wir waren die fahrenden Ritter,
Eine Burg war noch jedes Haus,
Es schaute durchs Blumengitter
Manch schönes Fräulein heraus.

Das Fräulein ist alt geworden,
Und unter Philistern umher
Zerstreut ist der Ritterorden,
Kennt keiner den andern mehr.

Auf dem verfallenen Schlosse,
Wie der Burggeist, halb im Traum,
Steh ich jetzt ohne Genossen
Und kenne die Gegend kaum.

Und Lieder und Lust und Schmerzen,
Wie liegen sie nun so weit –
Jugend, wie tut im Herzen
Mir deine Schönheit so leid.

Völlig mystisch dagegen erschien gar vielen der am Giebichenstein belegene Reichhardsche Garten mit seinen geistreichen und schönen Töchtern, von denen die eine Goethesche Lieder komponierte, die andere sogar Steffens' Braut war. Dort aus den geheimnisvollen Boskets schallten oft in lauen Sommernächten, wie von einer unnahbaren Zauberinsel, Gesang und Gitarrenklänge herüber; und wie mancher junge Poet blickte da vergeblich durch das Gittertor, oder saß auf der Gartenmauer zwischen den blühenden Zweigen die halbe Nacht, künftige Romane vorausträumend. – Nicht allzu fern davon aber, um auch in dieser Beziehung die Gegensätze zu vervollständigen, bewohnte

Lafontaine ein idyllisches Landhaus. Man erzählte von ihm, daß er selbst an seinen schlechten Romanen eigentlich am wenigsten schuld sei, daß ihn vielmehr seine Verleger von Zeit zu Zeit nach Berlin verlockten und dort so lange gleichsam eingesperrt hielten, bis er einen neuen dicken Roman fertig gemacht; was er denn, um nur wieder freizukommen, jedesmal mit unglaublicher Geschwindigkeit besorgt habe. Und hiemit stimmte in der Tat auch seine ganze äußere Erscheinung. Es war ein bequemer, freundlicher, lebensfroher Mann, der jetzt, da die Zeit seine Sentimentalität quiesziert hatte, sich getrost auf das Übersetzen alter Klassiker verlegte, und wie ein harmloser Revenant unter der verwandelten Generation umherging.

Von nicht geringer Bedeutsamkeit war auch die Nähe von Lauchstädt, wo die Weimarschen Schauspieler während der Badesaison Vorstellungen gaben. Diese Truppe war damals in der Tat ein merkwürdiges Phänomen, und hatte unter Goethes und Schillers persönlicher Leitung wirklich erreicht, was späterhin andere, z.B. Immermann in Düsseldorf, vergeblich anstrebten, nämlich das Theater zu einer höheren Kunstanstalt und poetischen Schule des Publikums emporzuheben. Sie hatten allerdings, und wir möchten fast hinzufügen: glücklicherweise, keine eminent hervorragenden Talente, die durch das Hervortreten einer übermächtigen Persönlichkeit so oft die Harmonie des Ganzen mehr stören als fördern, gleichwie die sogenannten schönen Stellen noch lange kein Gedicht machen. Aber sie hatten, was damals überall fehlte, ein künstlerisches Zusammenspiel. Denn eben jener höhere Aufschwung der waltenden Intentionen hob alle gleichmäßig über das Gewöhnliche und schloß das Gemeine oder Mittelmäßige von selbst aus; jeder hatte ein intimeres Verständnis seiner Kunst und seiner jedesmaligen Aufgabe, und ging daher mit Lust und Begeisterung ans Werk. Und so durften sie wagen, was den berühmtesten Hoftheatern bei unverhältmäßig größeren Kräften damals noch gar nicht in den Sinn kam. Mitten in der allgemeinen Misere der Kotzebueaden und Ifflänederei eroberten sie sich kühn ganz neue Provinzen; gleichsam die Tragweite der Kunstwerke und des Publikums nach allen Seiten hin prüfend, brachten sie Calderon auf die Bühne, gaben den »Alarcos« und den »Jon« der Schlegel, Brentanos »Ponce de Leon« usw. – Man kann leicht denken, wie sehr dieses Verfahren grade das 930 empfänglichste und dankbarste Publikum der Studenten enthusiasmieren mußte. Die Komödienzettel kamen des Morgens schon, gleich

Götterboten, nach Halle herüber, und wurden, wie später etwa die politischen Zeitungen und Kriegsbulletins, beim »Kuchenprofessor« eifrigst studiert. War nun eines jener literarischen Meteore oder ein Stück von Goethe oder Schiller angekündigt, so begann sofort eine wahre Völkerwanderung zu Pferde, zu Fuß, oder in einspännigen Kabrioletts, nicht selten einer großen Retirade mit lahmen Gäulen und umgeworfenen Wägen vergleichbar; niemand wollte zurückbleiben, die Reicheren griffen den Unbemittelten mit Entree und sonstiger Ausrüstung willig unter die Arme, denn die Sache wurde ganz richtig als eine Nationalangelegenheit betrachtet. In Lauchstädt selbst aber konnte man, wenn es sich glücklich fügte, Goethe und Schiller oft leibhaftig erblicken, als ob die olympischen Götter wieder unter den Sterblichen umherwandelten. Und außerdem gab es dort auch vor und nach der Theatervorstellung, in der großen Promenade noch eine kleine Weltkomödie, in welcher, wenigstens in den Augen der jüngeren Damen, die Studenten selbst die Heldenrollen spielten. Diese fühlten sich hier überhaupt wahrhaft als Musensöhne, es war ihnen zumute, als sei dies alles eigentlich nur ihretwegen veranstaltet, und sie hatten im Grunde recht, da sie vor allen andern das rechte Herz dazu mitbrachten.

Dieses althallesche Leben aber wurde im Jahre 1806 beim Zusammensturz der preußischen Monarchie unter ihren Trümmern mit begraben. Die Studenten hatten unzweideutig Miene gemacht, sich in ein bewaffnetes Freikorps zusammenzutun. Napoleon, dem hier zum ersten Male ein Symptom ernsteren Volkswillens gleichsam prophetisch warnend entgegentrat, hob daher zornentbrannt die Universität auf, die Studenten wurden mit unerhörtem Vandalismus plötzlich und unter großem Wehgeschrei der Bürger nach allen Weltgegenden auseinandergetrieben und mußten, ausgeplündert und zum Teil selbst der nötigen Kleidungsstücke beraubt, sich einzeln nach Hause betteln. – Wunderbarer Gang der Weltgerichte! Dieselben vom übermütigen Sieger in den Staub getretenen Jünglinge sollten einst siegreich in Paris einziehen. Der Geist einer bestimmten Bildungsphase läßt sich nicht aufheben, wie eine Universität. Was wir vorhin als das Charakteristische jener Periode bezeichnet: die Opposition der jungen Romantik gegen die alte Prosa war keineswegs auf Halle beschränkt, sondern ging wie ein unsichtbarer Frühlingssturm allmählich wachsend durch ganz Deutschland. Insbesondere aber gab es dazumal in Heidelberg

931

einen tiefen, nachhaltenden Klang. Heidelberg ist selbst eine prächtige Romantik; da umschlingt der Frühling Haus und Hof und alles Gewöhnliche mit Reben und Blumen, und erzählen Burgen und Wälder ein wunderbares Märchen der Vorzeit, als gäb es nichts Gemeines auf der Welt. Solch gewaltige Szenerie konnte zu allen Zeiten nicht verfehlen, die Stimmung der Jugend zu erhöhen und von den Fesseln eines pedantischen Komments zu befrein; die Studenten tranken leichten Wein anstatt des schweren Bieres, und waren fröhlicher und gesitteter zugleich als in Halle. Aber es trat grade damals in Heidelberg noch eine ganz besondere Macht hinzu, um jene glückliche Stimmung zu vertiefen. Es hauste dort ein einsiedlerischer Zauberer, Himmel und Erde, Vergangenheit und Zukunft mit seinen magischen Kreisen umschreibend – das war *Görres*.

Es ist unglaublich, welche Gewalt dieser Mann, damals selbst noch jung und unberühmt, über alle Jugend, die irgend geistig mit ihm in Berührung kam, nach allen Richtungen hin ausübte. Und diese geheimnisvolle Gewalt lag lediglich in der Großartigkeit seines Charakters, in der wahrhaft brennenden Liebe zur Wahrheit und einem unverwüstlichen Freiheitsgefühl, womit er die einmal erkannte Wahrheit gegen offene und verkappte Feinde und falsche Freunde rücksichtslos auf Tod und Leben verteidigte; denn alles Halbe war ihm tödlich verhaßt, ja unmöglich, er wollte die ganze Wahrheit. Wenn Gott noch in unserer Zeit einzelne mit prophetischer Gabe begnadigt, so war Görres ein Prophet, in Bildern denkend und überall auf den höchsten Zinnen der wildbewegten Zeit weissagend, mahnend und züchtigend, auch darin den Propheten vergleichbar, daß das »Steiniget ihn!« häufig genug über ihm ausgerufen wurde. Drüben in Frankreich hatte er bei den Banketten der bluttriefenden Revolution, hier in den Kongreßsälen der politischen Weltweisen las Menetekel kühn an die Wand geschrieben, und konnte sich nur durch rasche Flucht vor Kerker und Banden retten, oft monatelang arm und heimatlos umherirrend. – Seine äußere Erscheinung erinnerte einigermaßen an Steffens und war doch wieder grundverschieden. Steffens hatte bei aller Tüchtigkeit, etwas Theatralisches, während Görres, ohne es zu wollen oder auch nur zu wissen schlicht und bis zum Extrem selbst die unschuldigsten Mittel des Effekts verschmähte. Sein durchaus freier Vortrag war monoton, fast wie fernes Meeresrauschen schwellend und sinkend, aber durch dieses einförmige Gemurmel leuchteten zwei wunderbare Augen und zuckten

Gedankenblitze beständig hin und wider; es war wie ein prächtiges nächtliches Gewitter, hier verhüllte Abgründe, dort neue ungeahnte Landschaften plötzlich aufdeckend, und überall gewaltig, weckend und zündend fürs ganze Leben.

Neben ihm standen zwei Freunde und Kampfgenossen: *Achim von Arnim* und *Clemens Brentano*, welche sich zur selben Zeit nach mancherlei Wanderzügen in Heidelberg niedergelassen hatten. Sie bewohnten im »Faulpelz«, einer ehrbaren aber obskuren Kneipe am Schloßberg, einen großen luftigen Saal, dessen sechs Fenster mit der Aussicht über Stadt und Land die herrlichsten Wandgemälde, das herüberfunkelnde Zifferblatt des Kirchturms ihre Stockuhr vorstellte; sonst war wenig von Pracht oder Hausgerät darin zu bemerken. Beide verhielten sich zu Görres eigentlich wie fahrende Schüler zum Meister, untereinander aber wie ein seltsames Ehepaar, wovon der ruhige mild-ernste Arnim den Mann, der ewig bewegliche Brentano den weiblichen Part machte. Arnim gehörte zu den seltenen Dichternaturen, die, wie Goethe, ihre poetische Weltansicht jederzeit von der Wirklichkeit zu sondern wissen, und daher besonnen *über* dem Leben stehen und dieses frei als ein Kunstwerk behandeln. Den lebhafteren Brentano dagegen riß eine übermächtige Phantasie beständig hin, die Poesie ins Leben zu mischen, was denn häufig eine Konfusion und Verwickelungen gab, aus welchen Arnim den unruhigen Freund durch Rat und Tat zu lösen hatte. Auch äußerlich zeigte sich der große Unterschied. Achim von Arnim war von hohem Wuchs und so auffallender männlicher Schönheit, daß eine geistreiche Dame einst bei seinem Anblick und Namen in das begeisterte Wortspiel: »Ach im Arm ihm« ausbrach; während Bettina, welcher, wie sie selber sagt, eigentlich alle Menschen närrisch vorkamen, damals an ihren Bruder Clemens schrieb: »Der Arnim sieht doch königlich aus, er ist nicht in der Welt zum zweitenmal.« – Das letztere konnte man zwar auch von Brentano, nur in ganz anderer Beziehung sagen. Während Arnims Wesen etwas wohltuend Beschwichtigendes hatte, war Brentano durchaus aufregend; jener erschien im vollsten Sinne des Worts wie ein Dichter, Brentano dagegen selber wie ein Gedicht, das, nach Art der Volkslieder, oft unbeschreiblich rührend, plötzlich und ohne sichtbaren Übergang in sein Gegenteil umschlug und sich beständig in überraschenden Sprüngen bewegte. Der Grundton war eigentlich eine tiefe, fast weiche Sentimentalität, die er aber gründlich verachtete, eine eingeborene

Genialität, die er selbst keineswegs respektierte und auch von andern nicht respektiert wissen wollte. Und dieser unversöhnliche Kampf mit dem eigenen Dämon war die eigentliche Geschichte seines Lebens und Dichtens, und erzeugte in ihm jenen unbändigen Witz, der jede verborgene Narrheit der Welt instinktartig aufspürte und niemals unterlassen konnte, jedem Toren, der sich weise dünkte, die ihm gebührende Schellenkappe aufzustülpen, und sich somit überall ingrimmige Feinde zu erwecken. Klein, gewandt und südlichen Ausdrucks, mit wunderbar schönen, fast geisterhaften Augen, war er wahrhaft zauberisch, wenn er selbstkomponierte Lieder oft aus dem Stegreif zur Gitarre sang. Dies tat er am liebsten in Görres' einsamer Klause, wo die Freunde allabendlich einzusprechen pflegten; und man könnte schwerlich einen ergötzlicheren Gegensatz der damals florierenden ästhetischen Tees ersinnen, als diese Abendunterhaltungen, häufig ohne Licht und brauchbare Stühle, bis tief in die Nacht hinein: wie da die dreie alles Große und Bedeutende, das je die Welt bewegt hat, in ihre belebenden Kreise zogen, und mitten in dem Wetterleuchten tiefsinniger Gespräche Brentano mit seinem witzsprühenden Feuerwerk dazwischenfuhr, das dann gewöhnlich in ein schallendes Gelächter zerplatzte.

Das nächste Resultat dieser Abende war die »Einsiedlerzeitung«, welche damals Arnim und Brentano in Heidelberg herausgaben. Das selten gewordene Blatt war eigentlich ein Programm der Romantik; einerseits die Kriegserklärung an das philisterhafte Publikum, dem es feierlich gewidmet und mit dessen wohlgetroffenen Poträt es verziert war; andrerseits eine Probe- und Musterkarte der neuen Bestrebungen: Beleuchtung des vergessenen Mittelalters und seiner poetischen Meisterwerke, sowie die ersten Lieder von Uhland, Justinus Kerner u.a. Die merkwürdige Zeitung hat nicht lange gelebt, aber ihren Zweck 934 als Leuchtkugel und Feuersignal vollkommen erfüllt. Übrigens standen ihre Verfasser in der Tat einsiedlerisch genug über dem großen Treiben und Arnim und Brentano, obgleich sie neben Tieck, die einzigen *Produzenten* der Romantiker waren, wurden doch von der Schule niemals als vollkommen zünftig anerkannt. Sie strebten vielmehr, die Schule, die schon damals in überkünstlichen Formen üppig zu luxurieren anfing, auf die ursprüngliche Reinheit und Einfachheit des Naturlauts zurückzuweisen. In diesem Sinne sammelten sie selbst auf ihren Fahrten und durch gleichgestimmte Studenten überall die halbverschollenen Volkslieder für »Des Knaben Wunderhorn«, das, wie einst Herders »Stimmen der Völker«, durch ganz Deutschland einen erfrischenden Klang gab.

Auch *Creuzer* lebte damals in Heidelberg und gehörte, wiewohl dem genannten Triumvirat persönlich ziemlich fernstehend, durch seine Bestrebungen diesem Kreise an. Seine mystische Lehre hat, z.B. später in Lobeck, sehr tüchtige Gegner gefunden, und wir wollen keineswegs in Abrede stellen, daß die phantastische Weise, womit er die alte Götterlehre als ein bloßes Symbolum christlich umzudeuten sucht, gar oft an den mittelalterlichen Neuplatonismus erinnert und am Ende zu einer gänzlichen Auflösung des Altertums führt. Allein in Kriegszeiten bedarf ein grober Feind auch eines gewaltsamen Gegenstoßes. Erwägt man, wie geistlos dazumal die Mythologie als ein bloßes Schulpensum getrieben wurde, so wird man Creuzers Tat billigerweise wenigstens als eine sehr zeitgemäße und heilsame Aufregung anerkennen müssen. – Noch zwei andere, höchst verschiedene Heidelberger Zeitgenossen dürfen hier nicht unerwähnt bleiben; wir meinen: *Thibaut* und *Gries*. In solchen Übergangsperioden ist die sanguinische Jugend gern bereit, den Spruch: »Wer nicht mit uns ist, ist gegen uns« gelegentlich auch umzukehren und jeden für den Ihrigen zu nehmen, der nicht zum Gegenpart hält; und in dieser Lage befand sich *Thibaut*. Schon seine äußere Erscheinung mit den lang herabwallenden, damals noch dunkelen Locken, was ihm ein gewisses apostolisches Ansehen gab, noch mehr der eingeborene Widerwillen gegen alles Kleinliche und Gemeine unterschied ihn sehr fühlbar von dem Troß seiner eigentlichen Zunftgenossen, und mit seiner propagandistischen Liebe und Kenntnis von der Musik der alten tiefsinnigen Meister berührte er in der Tat den Kreis der Romantiker. – Bei weitem unmittelbarer indes wirkte *Gries*. Wilhelm Schlegel hatte soeben durch das dicke Gewölk verjährter Vorurteile auf das Zauberland der südlichen Poesie hingewiesen. Gries hat es uns wirklich erobert. Seine meisterhaften Übersetzungen von Ariost, Tasso und Calderons Schauspielen treffen, ohne philologische Pedanterie und Wortängstlichkeit, überall den eigentümlichen Sinn und Klang dieser Wunderwelt; sie haben den poetischen Gesichtskreis unendlich erweitert und jene glückliche Formfertigkeit erzeugt, deren sich unsere jüngeren Poeten noch bis heut erfreuen. Auch war Gries sehr geeignet, für den Ritt in das alte romantische Land Proselyten zu machen. Er verkehrte gern und viel

935

mit den Studenten, die Abendtafel im Gasthofe »Zum Prinzen Karl«
war sein Katheder, und es war, da er sehr schwerhörig, oft wahrhaft
komisch, wie da die leichten Scherze und Witze gleichsam aus der
Trompete gestoßen wurden, so daß die heitere Konversation sich nicht
selten wie ein heftiges Gezänke ausnahm.

Man sieht, die Romantik war dort reich vertreten. Allein sie hatte
auch damals schon ihren sehr bedenklichen Afterkultus. *Graf von
Löben* war in Heidelberg der Hohepriester dieser Winkelkirche. Der
alte Goethe soll ihn einst den vorzüglichsten Dichter jener Zeit genannt
haben. Und in der Tat er besaß eine ganz unglaubliche Formenge-
wandtheit und alles äußere Rüstzeug des Dichters, aber nicht die Kraft,
es gehörig zu brauchen und zu schwingen. Er hatte ein durchaus
weibliches Gemüt mit unendlich feinem Gefühl für den salonmäßigen
Anstand der Poesie, eine überzarte empfängliche Weichheit, die nichts
Schönes selbständig gestaltete, sondern von allem Schönen wechselnd
umgestaltet wurde. So durchwandelte er in seiner kurzen Lebenszeit
ziemlich fast alle Zonen und Regionen der Romantik; – bald erschien
er als begeisterungswütiger Seher, bald als arkadischer Schäfer, dann
plötzlich wieder als aszetischer Mönch, ohne sich jemals ein eigentüm-
liches Revier schaffen zu können. In Heidelberg war er gerade »Isidorus
Orientalis« und novalisierte, nur leider ohne den Tiefsinn und den
dichterischen Verstand von Novalis. In dieser Periode entstand sein
frühester Roman »Guido«, sowie die »Blätter aus dem Reisebüchlein
eines andächtigen Pilgrims«; jener durch seine mystische Überschweng-
lichkeit, diese durch ein unkatholisches Katholisieren, ganz wider
Wissen und Willen, die erstaunlichste Karikatur der Romantik darstel- 936
lend. Er hatte in Heidelberg nur wenige sehr junge Jünger, die ihn
gehörig bewunderten; aber die Gemeinde dieser Gleichgestimmten
war damals sehr zahlreich durch ganz Deutschland verbreitet. Es wäre
eine schwierige, ja fast unmögliche Aufgabe, jenes wunderliche Gewirr
von Talent und Zopf, Lüge und Wahrheit mit wenigen Worten in einen Begriff zusammenzufassen; und doch ist dieses Treiben insofern
von literarhistorischer Wichtigkeit, als dasselbe den schmählichen
Verfall der Romantik vorzüglich verschuldet hat. Es sei uns daher
lieber vergönnt, aus unserer frühesten Schrift (»Ahnung und Gegenwart«) die aus dem Leben gegriffene Darstellung der damaligen Salon-
wirtschaft hier einzuschalten, da sie, obgleich erfunden, und doch

vielleicht unmittelbarer, als eine Definition, in den Zirkel einführen dürfte.

Es ist nämlich dort von einer Soiree in der Residenz die Rede, wobei die Gesellschaft über die soeben beendigte Darstellung eines lebenden Bildes in große Bewegung geraten. »Mitten in dieser Entzückung fiel der Vorhang plötzlich wieder, das Ganze verdeckend, herab, der Kronleuchter wurde heruntergelassen und ein schnatterndes Gewühl und Lachen erfüllte auf einmal wieder den Saal. Der größte Teil der Gesellschaft brach nun von allen Sitzen auf und zerstreute sich. Nur ein kleiner Teil von Auserwählten blieb im Saale zurück. Graf Friedrich« (der Held des Romans) »wurde währenddessen vom Minister, der auch zugegen war, bemerkt und sogleich der Frau vom Hause vorgestellt. Es war eine fast durchsichtig schlanke, schmächtige Gestalt, gleichsam im Nachsommer ihrer Blüte und Schönheit. Sie bat ihn mit so überaus sanften, leisen, lispelnden Worten, daß er Mühe hatte, sie zu verstehen, ihre künstlerische ›Abendandachten‹, wie sie sich ausdrückte, mit seiner Gegenwart zu beehren, und sah ihn dabei mit blinzelnden, fast zugedrückten Augen an, von denen es zweifelhaft war, ob sie ausforschend, gelehrt, sanft, verliebt, oder nur interessant sein sollten.

Die Gesellschaft zog sich nun in eine kleinere Stube zusammen. Die Zimmer waren durchaus prachtvoll und im neuesten Geschmacke dekoriert, nur hin und wieder bemerkte man einige auffallende Besonderheiten und Nachlässigkeiten, unsymmetrische Spiegel, Gitarren, aufgeschlagene Musikalien und Bücher, die auf den Ottomanen zerstreut umherlagen.

Friedrich kam es vor, als hätte es der Frau von Hause vorher einige Stunden mühsamen Studiums gekostet, um in das Ganze eine gewisse unordentliche Genialität hineinzubringen.

Es hatte sich unterdes ein niedliches, etwa zehnjähriges Mädchen eingefunden, die in einer reizenden Kleidung mit langen Beinkleidern und kurzem schleiernen Röckchen darüber, keck im Zimmer herumsprang. Es war die Tochter von Hause. Ein Herr aus der Gesellschaft reichte ihr ein Tamburin, das in einer Ecke auf dem Fußboden gelegen hatte. Alle schlossen bald einen Kreis um sie, und das zierliche Mädchen tanzte mit einer wirklich bewunderungswürdigen Anmut und Geschicklichkeit, während sie das Tamburin auf mannigfache Weise schwang und berührte und ein niedliches italienisches Liedchen dazu sang. Jeder war begeistert, erschöpfte sich in Lobsprüchen und wünschte der Mutter Glück, die sehr zufrieden lächelte. Nur Friedrich schwieg still. Denn einmal war ihm schon die moderne Knabentracht bei Mädchen zuwider, ganz abscheulich aber war ihm diese gottlose Art, unschuldige Kinder durch Eitelkeit zu dressieren. Er fühlte vielmehr ein tiefes Mitleid mit der schönen kleinen Bajadere. Sein Ärger und das Lobpreisen der anderen stieg, als nachher das Wunderkind sich unter die Gesellschaft mischte, nach allen Seiten hin in fertigem Französisch schnippische Antworten erteilte, die eine Klugheit weit über ihr Alter zeigten, und überhaupt jede Unart als genial genommen wurde.

Die Damen, welche sämtlich sehr ästhetische Mienen machten, setzten sich darauf nebst mehreren Herren unter dem Vorsitz der Frau vom Hause, die mit vieler Grazie den Tee einzuschenken wußte, förmlich in Schlachtordnung und fingen an, von Ohrenschmäusen zu reden. Der Minister entfernte sich in die Nebenstube, um zu spielen. – Friedrich erstaunte, wie diese Weiber geläufig mit den neuesten Erscheinungen der Literatur umzuspringen wußten, von denen er selber manche kaum dem Namen nach kannte; wie leicht sie mit Namen herumwarfen, die er nie ohne heilige tiefe Ehrfurcht auszusprechen gewohnt war. Unter ihnen schien besonders ein junger Mann mit einer verachtenden Miene in einem gewissen Glauben und Ansehen zu stehen. Die Frauenzimmer sahen ihn beständig an, wenn es darauf ankam, ein Urteil zu sagen, und suchten in seinem Gesichte seinen Beifall oder Tadel im voraus herauszulesen, um sich nicht etwa mit etwas Abgeschmacktem zu prostituieren.

Er hatte viele genialische Reisen gemacht, in den meisten Hauptstädten auf seine eigene Faust Ball gespielt, Kotzebue einmal in einer Gesellschaft in den Sack gesprochen, fast mit allen berühmten Schriftstellern zu Mittag gegessen oder kleine Fußreisen gemacht. Übrigens gehörte er eigentlich zu keiner Partei, er übersah alle weit und belächelte die entgegengesetzten Gesinnungen und Bestrebungen, den eifrigen Streit unter den Philosophen oder Dichtern: Er war sich der Lichtpunkt dieser verschiedenen Reflexe. Seine Urteile waren alle nur wie zum Spiele flüchtig hingeworfen mit einem nachlässig mystischen Anstrich, und die Frauenzimmer erstaunten nicht über das, was er sagte, sondern was er, in der Überzeugung nicht verstanden zu werden, zu verschweigen schien.

Wenn dieser heimlich die Meinung zu regieren schien, so führte dagegen ein anderer fast einzig das hohe Wort. Es war ein junger voller Mensch mit strotzender Gesundheit, ein Antlitz, das vor wohlbehaglicher Selbstgefälligkeit glänzte und strahlte. Er wußte für jedes Ding ein hohes Schwungwort, lobte und tadelte ohne Maß und sprach hastig mit einer durch dringenden gellenden Stimme. Er schien ein wütend Begeisterter von Profession und ließ sich von den Frauenzimmern, denen er sehr gewogen schien, gern den heiligen Thyrsusschwinger nennen. Es fehlte ihm dabei nicht an einer gewissen schlauen Miene, womit er niedrere, nicht so saftige Naturen seiner Ironie preiszugeben pflegte. Friedrich wußte gar nicht, wohin dieser während seiner Deklamationen so viel Liebesblicke verschwende, bis er endlich ihm gerade gegenüber einen großen Wandspiegel entdeckte. Der Begeisterte ließ sich übrigens nicht lange bitten, etwas von seinen Poesien mitzuteilen. Er las eine lange Dithyrambe von Gott, Himmel, Hölle, Erde und dem Karfunkelstein mit angestrengtester Heftigkeit vor, und schloß mit solchem Schrei und Nachdruck, daß er ganz blau im Gesicht wurde. Die Damen waren ganz außer sich über die heroische Kraft des Gedichts, sowie des Vortrags.

Ein anderer junger Dichter von mehr schmachtendem Ansehen, der neben der Frau vom Hause seinen Wohnsitz aufgeschlagen hatte, lobte zwar auch mit, warf aber dabei einige durchbohrende neidische Blicke auf den vom Lesen erschöpften Begeisterten. Überhaupt war dieser Friedrich schon vom Anfang an durch seinen großen Unterschied von jenen beiden Flausenmachern aufgefallen. Er hatte sich während der ganzen Zeit, ohne sich um die Verhandlungen der andern zu bekümmern, ausschließlich mit der Frau vom Hause unterhalten, mit der er eine Seele zu sein schien, wie man von dem süßen zugespitzten Munde beider abnehmen konnte, und Friedrich hörte nur manchmal einzelne Laute, wie: ›Mein ganzes Leben wird zum Roman‹ – ›überschwengliches Gemüt‹ – ›Priesterleben‹ – herüberschallen. Endlich zog auch dieser ein ungeheures Paket aus der Tasche, und begann vorzulesen, unter andern folgendes Assonanzenlied:

›Hat nun Lenz die silbern'n Bronnen
Losgebunden:
Knie ich nieder, süßbeklommen,
In die Wunder.

Himmelreich, so kommt geschwommen
Auf die Wunden
Hast du einzig mich erkoren
Zu den Wundern?

In die Ferne süß verloren
Lieder fluten,
Daß sie, rückwärts sanft erschollen,
Bringen Kunde.

Was die andern sorgen, wollen,
Ist mir dunkel,
Mir will ew'ger Durst nur frommen
Nach dem Durste.

Was ich liebte und vernommen,
Was geklungen,
Ist den eignen tiefen Wonnen
Selig Wunder!‹

Er las noch einen Haufen Sonette mit einer Art von priesterlicher Feierlichkeit. Keinem derselben fehlte es an irgendeinem wirklich aufrichtigen kleinen Gefühlchen, an großen Ausdrücken und lieblichen Bildern. Alle hatten einen einzigen, bis ins Unendliche breit auseinandergeschlagenen Gedanken, sie bezogen sich alle auf den Beruf des Dichters und die Göttlichkeit der Poesie, aber die Poesie selber, das 940 ursprüngliche, freie, tüchtige Leben, das uns ergreift ehe wir darüber sprechen, kam nicht zum Vorschein vor lauter Komplimenten davor und Anstalten dazu. Friedrich kamen diese Poesien in ihrer durchaus polierten, glänzenden, wohlerzogenen Weichlichkeit wie der fade unerquickliche Teedampf, die zierliche Teekanne mit ihrem lodernden Spiritus auf dem Tische wie der Opferaltar dieser Musen vor. – Es ist aber eigentlich nichts künstlicher und lustiger, als die Unterhaltung einer solchen Gesellschaft. Was das Ganze noch so leidlich zusammenhält, sind tausend feine, fast unsichtbare Fäden von Eitelkeit, Lob und Gegenlob usw., und sie nennen es dann gar zu gern ein Liebesnetz. Arbeitet aber unverhofft einmal einer, der davon nichts weiß, tüchtig darin herum, so geht die ganze Spinnewebe von ewiger Freundschaft und heiligem Bunde auseinander.

So hatte auch heute Friedrich den ganzen Tee versalzen. Keiner konnte das künstlerische Weberschiffchen, das sonst fein im Takte so zarte ästhetische Abende wob, wieder recht in Gang bringen. Die meisten wurden mißlaunisch, keiner konnte oder mochte, wie beim babylonischen Baue, des anderen Wortgepräng verstehen, und so beleidigte einer den andern in der gänzlichen Verwirrung. Mehrere Herren nahmen endlich unwillig Abschied, die Gesellschaft wurde kleiner und vereinzelter. Die Damen gruppierten sich hin und wieder auf den Ottomanen in malerischen und ziemlich unanständigen Stellungen. Friedrich bemerkte bald ein heimliches Verständnis zwischen der Frau vom Hause und dem Schmachtenden. Doch glaubte er zugleich an ihr ein feines Liebäugeln zu entdecken, das ihm selber zu gelten schien. Er fand sie überhaupt viel schlauer, als man anfänglich ihrer lispelnden Sanftmut hätte zutrauen mögen; sie schien ihren schmachtenden Liebhaber bei weitem zu übersehen und selber nicht so viel von ihm zu halten, als sie vorgab und er aus ganzer Seele glaubte.«

Als aber Friedrich späterhin, noch ganz entrüstet, dieses Abenteuer einem Freunde erzählt, erwidert dieser: »Ich kann dir im Gegenteil versichern, daß ich nicht bald so lustig war, als an jenem Abende, da ich zum ersten Male in diese Teetaufe oder Traufe geriet. Aller Augen waren prüfend und in erwartungsvoller Stille auf mich neuen Jünger gerichtet. Da ich die ganze heilige Synode, gleich den Freimaurern mit Schurz und Kelle, so feierlich im poetischen Ornate dasitzen sah, konnt ich mich nicht enthalten, despektierlich von der Poesie zu sprechen und mit unermüdlichem Eifer ein Gespräch von der Landwirtschaft, von Runkelrüben usw. anzuspinnen, so daß die Damen wie über den Dampf von Kuhmist die Nasen rümpften und mich bald für verloren hielten. Mit dem Schmachtenden unterhielt ich mich besonders viel. Er ist ein guter Kerl, aber er hat keine Mannesmuskel im Leibe. Ich weiß nicht, was er gerade damals für eine fixe Idee von der Dichtkunst im Kopfe hatte, aber er las ein Gedicht vor, wovon ich trotz der größten Anstrengung nichts verstand und wobei mir unaufhörlich des simplizianisch – deutschen Michels verstümmeltes Sprachgepräng im Sinne lag. Denn es waren deutsche Worte, spanische Konstruktionen, welsche Bilder, altteutsche Redensarten, doch alles mit überaus feinem Firnis von Sanftmut verschmiert. Ich gab ihm ernsthaft den Rat, alle Morgen gepfefferten Schnaps zu nehmen, denn der ewige Nektar erschlaffe nur den Magen, worüber er sich entrüstet von mir wandte. – Mit dem vom Hochmutsteufel besessenen Dithyrambisten aber bestand ich den schönsten Strauß. Er hatte mit pfiffiger Miene alle Segel seines Witzes aufgespannt und kam mit vollem Winde der Eitelkeit auf mich losgefahren, um mich Unpoetischen vor den Augen der Damen in den Grund zu bugsieren. Um mich zu retten, fing ich zum Beweise meiner poetischen Belesenheit an, aus Shakespeares ›Was ihr wollt‹ wo Junker Tobias den Malvolio peinigt, zu rezitieren ›Und besäße ihn eine Legion selbst, so will ich ihn doch anreden.‹ Er stutzte und fragte mich mit herablassender Genügsamkeit und knuffigem Gesichte, ob vielleicht gar Shakespeare mein Lieblingsautor sei? Ich ließ mich aber nicht stören, sondern fuhr mit Junker Tobias fort ›Ei Freund, leistet dem Teufel Widerstand, er ist der Erbfeind der Menschenkinder.‹ Er fing nun an, sehr salbungsvolle, genialische Worte über Shakespeare ergehen zu lassen, ich aber, da ich ihn sich so aufblasen sah, sagte weiter ›Sanftmütig, sanftmütig! Ei, was machst du, mein Täubchen? Wie geht's, mein Puthühnchen? Ei, sieh doch, komm, tuck tuck!‹ – Er schien nun mit Malvolio zu bemerken, daß er nicht in meine Sphäre gehöre, und kehrte sich mit einem unsäglich stolzen Blicke, wie von einem unerhört Tollen, von mir. Das Schlimmste war aber nun, daß ich dadurch demaskiert war, ich konnte nicht länger für einen Ignoranten gelten; und die Frauenzimmer merkten dies nicht so bald, als sie mit allerhand Phrasen, die sie da und dort ernascht, über mich herfielen. In der Angst fing ich daher nun an, wütend mit gelehrten Redensarten und poetischen Paradoxen nach allen Seiten um mich herumzuwerfen, bis sie mich, ich sie, und ich mich selber nicht mehr verstand und alles verwirrt wurde. Seit dieser Zeit haßt mich der ganze Zirkel und hat mich als eine Pest der Poesie förmlich exkommuniziert.« – –

Es ist sehr begreiflich, daß dieses prätentiöse Unwesen von den Gedankenlosen und Schwachmütigen für die wirkliche Romantik gehalten, von den Hämischen aber gern benutzt wurde, den neuen Aufschwung überhaupt zu verketzern. Vergebens verspottete Tieck selbst in den wenigen Nummern seines »Poetischen Journals« jene falsche Romantik, vergebens zogen Arnim und Görres mitten durch den Lärm neue leuchtende Bahnen; das Gekläff der Wächter des guten

Geschmacks, die den Mond anbellen und bei Musik heulen, war einmal unaufhaltsam erwacht. Es erschien ein »Klingkling – Almanach«, der die Lyrik der Romantiker parodisch lächerlich machen sollte, aber durch ein stupides Mißverständnis des Parodierten nur sich selbst blamierte. Der Däne Baggesen schrieb einen »Faust«, eine Komödie, worin Fichte, Schelling, Schlegel und Tieck die lächerlichen Personen spielen; an Witzlosigkeit, Bosheit und Langweiligkeit, etwa Nicolais »Werthers Leiden« vergleichbar. Garlieb Merkel endlich trommelte in seinem »Freimütigen« ein wahres Falstaffsheer zusammen, allerdings freimütig genug, denn die armutselige Gemeinheit lag ganz offen zutage. In Heidelberg selbst aber saß der alte Voß, der sich bereits überlebt hatte, und darüber ganz grämlich geworden war. Mitten in dem staubigen Gewebe seiner Gelehrsamkeit lauerte er wie eine ungesellige Spinne, tückisch auf alles Junge und Neue zufahrend, das sich unvorsichtig dem Gespinste zu nähern unterfing. Besonders waren ihm, nebst dem Katholizismus, die Sonette verhaßt. Daher konnte Arnim, obgleich er anfangs aus großmütiger Pietät mit dem vereinsamten Greise friedlich zu verkehren suchte, dennoch zuletzt nicht umhin, ihm zu Ehren in der »Einsiedlerzeitung« in hundert Sonetten den Kampf des Sonetts mit dem alten Drachen zu beschreiben.

Und auf ähnliche Weise hatte sich die Romantik überhaupt ihren Gegnern gegenübergestellt, indem sie – wie in Tiecks »Verkehrter Welt«, im »Zerbino« und »Gestiefelten Kater«, in Schlegels »Triumphpforte für den Theaterpräsidenten Kotzebue«, in Mahlmanns »Hussiten vor Naumburg« – jenes hämische Treiben heiter als bloßes Material nahm und humoristisch der Poesie selbst dienstbar zu machen wußte.

Aber die Romantik war keine bloß literarische Erscheinung, sie unternahm vielmehr eine innere Regeneration des Gesamtlebens, wie sie Novalis angekündigt hat; und was man später die romantische Schule nannte, war eben nur ein literarisch abgesonderter Zweig des schon kränkelnden Baumes. Ihre ursprüngliche Intentionen, alles Irdische auf ein Höheres, das Diesseits auf ein größeres Jenseits zu beziehen, mußten daher insbesondere auch das ganze Gebiet der Kunst gleichmäßig umfassen und durchdringen. Die Revolution, die sie in der Poesie bewirkt, ist schon zu vielfach besprochen, um hier noch besonders erörtert zu werden. Der Malerei vindizierte sie die Schönheit der Religion als höchste Aufgabe, und begründete durch deutsche Jünglinge in Rom die bekannte Malerschule, deren Führer Overbeck,

943

Philipp Veit und Cornelius waren. Derselbe ernstere Sinn führte die Tonkunst vom frivolen Sinnenkitzel zur Kirche, zu den altitalienischen Meistern, zu Sebastian Bach, Gluck und Händel zurück; er weckte auch in der Profanmusik das geheimnisvolle wunderbare Lied, das verborgen in allen Dingen schlummert, und Mozart, Beethoven und Karl Maria von Weber sind echte Romantiker. Die Baukunst endlich, diese hieroglyphische Lapidarschrift der wechselnden Nationalbildung, war grade in das allgemeine Stadium der damaligen Literatur mit eingerückt: kaserniertes Bürgerwohl mit heidnischen Substruktionen, die Antike im Schlafrock des häuslichen Familienglücks. Da erfaßte plötzlich die erstaunten Deutschen wieder eine Ahnung von der Schönheit und symbolischen Bedeutung ihrer alten Bauwerke, an denen sie so lange gleichgültig vorübergegangen. Der junge Goethe hatte zuerst vom Straßburger Münster den neuen Tag ausgerufen, sich aber leider dabei so bedeutend überschrien, daß er seitdem ziemlich heiser blieb. Besonnener und gründlicher wies Sulpice Boisserée auf den Riesengeist des Kölner Domes hin, der bekanntlich noch bis heut sein mühseliges Auferstehungsfest feiert. – Das augenfälligste Bild dieser Umwandlung aber gibt die Geschichte der Marienburg, des Haupthauses des deutschen Ritterordens in Preußen. Dieser merkwürdige Bau hatte nicht einmal die Genugtuung, in malerische Trümmer zerfallen zu dürfen, er wurde methodisch für den neuen Orden der Industrieritter verstümmelt und zugerichtet. Die kühnen Gewölbe wurden mit unsäglicher Mühe eingeschlagen, in den hohen luftigen Sälen drei niedrige Stockwerke schmutziger Weberwerkstätten eingeklebt; ja um den letzten Prachtgiebel des Schlosses waren bereits die Stricke geschlungen, um ihn niederzureißen, als ein Romantiker, Max von Schenkendorf, ganz unerwartet in einer vielgelesenen Zeitschrift Protest einlegte gegen diesen modernen Vandalismus, den der damalige Minister von Schrötter, ein sonst geistvoller und für alles Große empfänglicher Mann, im Namen der Aufklärung als ein löblich Unternehmen trieb. Jetzt veränderte sich plötzlich die Szene. Schrötter, da er seinen wohlgemeinten Mißverstand begriff, hieß, fast erschrocken darüber, sofort alle weitere Zerstörung einstellen, die Weber wurden ausgetrieben, Künstler, Altertumsfreunde und Techniker stiegen verwundert in den rätselhaft gewordenen Bau hinab, wie in einem Bergwerke dort ein Fenster, hier einen verborgnen Gang oder Remter entdeckend, und je mehr allmählich von der alten Pracht zutage kam, je mehr

944

wuchs, erst in der Provinz dann in immer weiteren Kreisen der Enthusiasmus, und erweckte, soviel davon noch zu retten war, das wunderbare Bauwerk aus seinem jahrhundertelangen Zauberschlaf.

Ein ähnliches Bewandtnis beinah hatte es mit dem Einfluß der Romantik auf die religiöse Stimmung der Jugend, indem sie gleichfalls den halbvergessenen Wunderbau der alten Kirche aus seinem Schutte wieder emporzuheben strebte. Allein was dort genügte, konnte hier unmöglich ausreichen, denn die Romantiker, wenn wir Novalis, Görres und Friedrich Schlegel ausnehmen, taten es nicht um der Religion, sondern um der Kunst willen, für die ihnen der Protestantismus allzu geringe Ausbeute bot; ein Grundthema, das in »Sternbalds Wanderungen«, in Tiecks »Phantasien« und in den »Herzensergießungen eines kunstliebenden Klosterbruders« durch die ganze Klaviatur der Künste hindurch auf das anmutigste variiert ist. Wir wollen daher auf die Konversion einiger, durch die Musik, die Pracht des äußeren Gottesdienstes u.dgl.m. bekehrter protestantischer Jünglinge keineswegs ein besonderes Gewicht legen. Der ganze Hergang aber erinnert lebhaft an Schillers Grundsatz von der ästhetischen Erziehung des Menschengeschlechts; wir meinen die indirekte Macht, welche diese katholisierende Ästhetik auf die katholische Jugend selber ausgeübt.

Es ist nicht zu leugnen, ein großer Teil dieser, fast überall protestantisch geschulten Jugend ist in der Tat durch die Vorhalle der Romantik zur Kirche zurückgekehrt. Die katholischen Studenten, die überhaupt etwas wollten und konnten, erstaunten nicht wenig, als sie in jenen Schriften auf einmal die Schönheit ihrer Religion erkannten, die sie bisher nur geschmäht oder mitleidig belächelt gesehen. Der Widerspruch, in den sie durch diese Entdeckung mit der gemeinen Menge gerieten, entzündete ihren Eifer, voll Begeisterung brachten sie die altneue Lehre von der Universität mit nach Hause, ja sie kokettierten zum Teil damit in der Philisterwelt, wo man über die jungen Zeloten verwundert den Kopf schüttelte, mit einem Wort: Das Katholische wurde förmlich Mode. Die Mode ging nach Art aller Mode bald vorüber, aber der einmal angeschlagene Ton blieb und hallte in immer weiteren Kreisen nach, und daraus entstand im Verlauf der immer ernster werdenden Zeiten endlich wieder eine starke katholische Gesinnung, die der Romantik nicht mehr bedarf.

So war die Romantik bei ihrem Aufgange ein Frühlingshauch, der alle verborgenen Keime belebte, eine schöne Zeit des Erwachens, der Erwartung und Verheißung. Allein sie hat die Verheißung nicht erfüllt, und weil sie sie nicht erfüllte, ging sie unter, und wie und warum dies geschehen mußte, haben wir bereits an einem anderen Orte ausführlich nachzuweisen versucht. Als jedoch auf solche Weise die Ebbe kam und jene Springfluten zurücktobten, wurde auch der alte Boden wieder trockengelegt, den man für neuentdecktes Land hielt. Der zähe Rationalismus, die altkluge Verachtung des Mittelalters, die Lehre von der alleinseligmachenden Nützlichkeit, wozu die sublime Wissenschaft nicht sonderlich nötig sei; all das vorromantische Ungeziefer, das sich unterdes im Sande eingewühlt, kam jetzt wieder zum Vorschein und heckte erstaunlich. Dennoch war aber der bloßgelegte Boden nicht mehr ganz derselbe. Die Romantik hatte einige unvertilgbare Spuren darauf hinterlassen; sie hatte durch ihr beständiges Hinweisen auf die nationale Vergangenheit die Vaterlandsliebe, durch ihren Experimental – Katholizismus ein religiöses Bedürfnis erweckt. Allein diese Vaterlandsliebe war durch die abermalige Trennung vom Mittelalter ihres historischen Bodens und aller nationalen Färbung beraubt, und so entstand aus dem alten abstrakten Weltbürgertum die ebenso abstrakte Deutschtümelei. Andrerseits konnte das wiederangeregte religiöse Gefühl natürlicherweise weder von dem romantischen Katholisieren, noch von dem wiedererstandenen Rationalismus befriedigt werden, und flüchtete sich daher bei den Protestanten zu dem neuesten Pietismus.

Von diesen veränderten Zuständen mußten denn auch zunächst die Universitäten wieder berührt werden; sie verloren allmählich ihr mittelalterliches Kostüm und suchten sich der modernen Gegenwart möglichst zu akkommodieren. Das deutsche Universitätsleben war bis dahin im Grunde ein lustiger Mummenschanz, in exzeptioneller Maskenfreiheit die übrige Welt neckend, herausfordernd und parodierend; eine Art harmloser Humoristik, die der Jugend, weil sie ihr natürlich ist, großenteils gar wohl anstand. Jetzt dagegen, durch die halbe Schulweisheit und Vielwisserei aufgeblasen, und von der epidemischen neuen Altklugheit mit fortgerissen, begnügten sie sich nicht mehr, sich an den dünkelhaften Torheiten der Philisterwelt lachend zu ergötzen; sie wollten sich über die Welt stellen, sie meistern und vernünftiger einrichten. Dazu kam, daß sie in den Befreiungskriegen wirklich auf dem Welttheater rühmlich mitagiert hatten, und nun auch das Recht beanspruchten, die übrigen Akte des großen Weltdramas mit fortzuspielen, mit einem Worte: Politik zu machen. Das war aber höchst unpolitisch, denn auf dieser komplizierten Bühne fehlte es glücklicherweise der Jugend durchaus an der unerläßlichen Kenntnis, Erfahrung und Routine. Die Burschenschaften, die zunächst aus jener inneren Umwandlung der Universitäten hervorgingen, waren ohne allen Zweifel ursprünglich gut und ernst gemeint und mit einem nicht genug zu würdigenden moralischen Stoizismus gegen die alte Roheit und Sittenlosigkeit gerichtet. Anstatt aber nur erst sich selbst gehörig zu befestigen, wollten sie sehr bald im leicht erklärlichen Eifer des guten Gewissens auch die kranken Staaten durch utopische Weltverbesserungspläne regenerieren, die man am füglichsten als unschädliche Donquijotiaden hätte übersehen sollen, wenn sich nicht, wie es scheint, nun die wirklichen Politiker mit dareingemischt, und die jugendliche Unbefangenheit für ihre ehrgeizigen und unlauteren Zwecke gemißbraucht hätten. Und so wurden die Studenten, die so lange heiter die Welt düpiert hatten, nun selber von der undankbaren Welt düpiert.

Als ein anderes Symptom der neuesten Zeit haben wir vorhin den bei den Protestanten wiedererwachten Pietismus bezeichnet. Man könnte ihn, da er wesentlich auf der subjektiven Gefühlsauffassung beruht, füglich die Sentimentalität der Religion nennen. Daher der absonderliche Haß der Pietisten gegen das strenge positive Prinzip der Kirche, die von einem subjektiven Dafürhalten und Umdeuten der Glaubenswahrheiten nichts weiß. Dieser moderne Pietismus ist jetzt auf den deutschen Universitäten sehr zahlreich vertreten, nicht eben zum sonderlichen Heile der Jugend. Denn der nackte Rationalismus war an sich so arm, trocken und trostlos, daß er ein tüchtiges Gemüt von selbst zur resoluten Umkehr trieb. Der weichliche, sanft einschmeichelnde Pietismus dagegen, zumal wenn er Mode wird und zeitliche Vorteile in Aussicht stellt, erzeugt gar leicht heuchlerische Tartüffe, oder, wo er tiefer gegriffen, einen geistlichen Dünkel und Fanatismus, der das ganze folgende Leben vergiftet. Eine Sekte dieser Pietisten gefällt sich darin, grundsätzlich allen Zweikampf abzulehnen, und sich dies als einen Akt besonderen Mutes anzurechnen. Allein dieser passive Mut, die gemeine Meinung zu verachten und gelassen über sich ergehen zu lassen, ist noch sehr verschieden von der persönlichen Tapferkeit, die jeden Jüngling ziert. Es ist ganz löblich, aber noch lange nicht genug, das Unrechte hinter dem breiten Schilde der vortrefflichsten Grundsätze von sich selber abzuwehren; das Böse soll direkt *bekämpft* werden. Überhaupt aber darf hierbei nicht übersehen werden, daß dem Zweikampf ein an sich sehr ehrenwertes Motiv zum Grunde liegt: das der gesunden Jugend eigentümliche, spartanische Gerechtigkeitsgefühl, das sich ohne innere Einbuße nicht unterdrücken läßt. Es gibt fast unsichtbare Kränkungen, infam, perfid und boshaft, die bis in das innerste Mark verwunden, und doch, eben weil sie juridisch ungreifbar sind, vom Gesetz nicht vorgesehen werden können. Dies ist der eigentliche Sitz des Übels, der Kampfplatz, wo der Zweikampf, wie früher die Gottesgerichte, ausgleichend eintritt. Dasselbe gilt im großen auch von den Kriegen, diesen barbarischen Völkerduellen um Güter, die das materielle Staatsrecht nicht zu würdigen und zu schützen vermag, und zu denen wir namentlich die Nationalehre rechnen. – Demungeachtet sind wir weit entfernt, die ganz unchristliche Selbsthilfe des Zweikampfs irgendwie verteidigen zu wollen, wünschen vielmehr vorerst nur eine genügende Vermittelung und Beseitigung seines tieferen Grundes, ohne welche, nach menschlichem Ermessen, alle Verbotsgesetze dagegen stets illusorisch bleiben werden.

948

Mit der neuen Umwandelung des Zeitgeistes hängt auch der Grundsatz wesentlich zusammen, die Universitäten möglichst in die großen Residenzstädte zu verlegen. Wir wollen keineswegs in Abrede stellen, daß die großen Städte mit ihrem geselligen Verkehr, mit ihren Kunstschätzen, Bibliotheken, Museen und industriellen Anstalten eine sehr bequeme Umschau, eine wahre Universitas alles Wissenswürdigen bieten. Allein es frägt sich nur, ob dieser Vorteil nicht etwa durch Nachteile anderer Art wieder neutralisiert, ja überwogen wird? Uns wenigstens scheint das alles mehr für die Professoren, als für die Studenten geeignet zu sein. Es kommt für die letzteren auf der Universität doch vorzüglich nur auf eine Orientierung in dem Labyrinth der neuen Bildung an. Auf jenen großen Stapelplätzen der Kunst und Wissenschaft aber erdrückt und verwirrt die überwältigende Masse des Verschiedenartigsten, gleichwie schon jeder Reisende, wenn er eine reiche Bildergalerie hastig durchlaufen hat, zuletzt selbst nicht mehr weiß, was er gesehen; und namentlich die großen Bibliotheken kann nur der Gelehrte, der sich bereits für ein bestimmtes Studium entschieden und gehörig vorbereitet hat, mit Nutzen gebrauchen. Wie aber soll der, für alles gleich empfängliche Jüngling mitten zwischen den nach allen Seiten auslaufenden Bahnen sich wahrhaft entscheiden, wo jedes natürliche Verhältnis zwischen Lehrer und Schüler, wie es in kleinen Universitätsstädten stattfindet, durch den betäubenden Lärm und die allgemeine Zerfahrenheit der Residenz ganz unmöglich wird? Auch hier also droht abermals ein vager Dilettantismus und der lähmende Dünkel der Vielwisserei. Bei der Jugend ist eine kecke Wanderlust, sie ahnt hinter dem Morgenduft die wunderbare Schönheit der Welt; sie sich selbsttätig zu erobern ist ihre Freude. In den großen Städten aber fängt die Jugend gleich mit dem Ende an: aller Reichtum der Welt liegt in der staubigen Mittagschwüle schon wohlgeordnet um sie her, sie braucht ihren Fauteuil nur gähnend da oder dorthin zu wenden, sie hat nichts mehr zu wünschen und zu ahnen – und ist blasiert. Und auch in sittlicher Hinsicht ist der Gewinn nur illusorisch. In den kleinen Universitätsstädten herrscht allerdings oft eine arge Verwilderung, und die Studenten werden in den großen Städten gewiß ruhiger und manierlicher sein. Allein dort erscheint die Liederlichkeit in der Regel so handgreiflich, bestialisch roh und abschreckend, daß jedes gesunde Gemüt von selbst ein Ekel davor überkommt, während hier die schön übertünchten und ästhetisierten Pestgruben wohl auch die Besseren mit ihrem Gifthauch betäuben. – Unsere Universitäten sind endlich bisher eine Art von Republik gewesen, die einzigen noch übriggebliebenen Trümmer deutscher Einheit, ein brüderlicher Verein ohne Rücksicht auf die Unterschiede der Provinz, des Ranges oder Reichtums, wo den Niedriggeborenen die Überlegenheit des Geistes und Charakters zum Senior über Fürsten und Grafen erhob. Diese uralte Bedeutung der Universitäten wird von der in ganz andern Bahnen kreisenden Großstädterei notwendig verwischt, die Studenten werden immer mehr in das allgemeine Philisterium eingefangen und frühzeitig gewöhnt, die Welt diplomatisch mit Glacéhandschuhen anzufassen.

Dies halten wir aber, zumal in unserer materialistischen Zeit, für ein bedeutendes Unglück. Denn was ist denn eigentlich die Jugend? Doch im Grunde nichts anderes, als das noch gesunde und unzerknitterte, vom kleinlichen Treiben der Welt noch unberührte Gefühl der ursprünglichen Freiheit und der Unendlichkeit der Lebensaufgabe. Daher ist die Jugend jederzeit fähiger zu entscheidenden Entschlüssen und Aufopferungen, und steht in der Tat dem Himmel näher, als das müde und abgenutzte Alter; daher legt sie so gern den ungeheuersten

Maßstab großer Gedanken und Taten an ihre Zukunft. Ganz recht! denn die geschäftige Welt wird schon dafür sorgen, daß die Bäume nicht in den Himmel wachsen und ihnen die kleine Krämerelle aufdrängen. Die Jugend ist die Poesie des Lebens, und die äußerlich ungebundene und sorgenlose Freiheit der Studenten auf der Universität die bedeutendste Schule dieser Poesie, und man möchte ihr beständig zurufen: sei nur vor allen Dingen jung! Denn ohne Blüte keine Frucht.   950

Biographie

1788   *10. März:* Joseph Karl Benedikt Freiherr von Eichendorff wird auf Schloss Lubowitz bei Ratibor (Oberschlesien) als Sohn des preußischen Offiziers Adolf Theodor Rudolf von Eichendorff und seiner Frau Karoline, geb. Koch, geboren.

1793   Aristokratisch-katholische Erziehung durch den geistlichen Hauslehrer Bernhard Heinke (bis 1801).

1794   *Oktober:* Die Familie reist nach Prag.

1800   *12. November:* Beginn der Tagebuchaufzeichnungen. Umfassende Lektüre, unter anderem von Sagen, Abenteuer- und Ritterromanen sowie erste eigene literarische Versuche.

1801   *Oktober:* Zusammen mit dem zwei Jahre älteren Bruder Wilhelm besucht Eichendorff das katholische Gymnasium in Breslau, und lebt im St.-Josephs-Konvikt (bis 1804).
Besonderes Interesse am Theater.
Auf der Leseliste stehen nun Homer, Horaz, deutsche Volksbücher und Gedichte.

1802   Eichendorff spielt kleinere Rollen im Schülertheater.
Er verfasst einige Gedichte und Prosastücke.

1805   Zusammen mit dem Bruder Wilhelm Immatrikulation zum Jurastudium in Halle.
Nebenbei hören sie Literatur- und Philosophievorlesungen bei Friedrich August Wolf und Friedrich Schleiermacher.
Herbst: Reise durch den Harz, nach Hamburg und an die Ostsee.

1807   *Mai:* Fortsetzung des Studiums in Heidelberg. Die Eichendorff-Brüder besuchen unter anderem die Ästhetikvorlesungen von Johann Joseph von Görres.
Bekanntschaft mit Johann Diederich Gries, einem Dichter und Übersetzer romanischer Klassiker.
Beginn der Freundschaft mit dem romantischen Lyriker und Dramatiker Otto Heinrich Graf von Loeben.
Lektüre von Arnims und Brentanos im Vorjahr erschienener Volksliedsammlung »Des Knaben Wunderhorn«.

1808   *April–Juli:* Reise nach Paris und Wien.
Juli: Ankunft in Lubowitz, wo die Brüder den Vater bei der

	Bewirtschaftung der Familiengüter unterstützen (bis 1810).
1809	*Winter:* Gemeinsame Reise von Wilhelm und Joseph nach Berlin (Aufenthalt dort bis 1810) und Zusammentreffen mit Clemens Brentano, Achim von Arnim, Heinrich von Kleist und Adam Müller.
1810	Eichendorff beginnt mit der Arbeit an »Ahnung und Gegenwart«, einige später darin aufgenommene Gedichte entstehen. *Oktober:* Zum Abschluss des Studiums reisen die Brüder nach Wien.
1811	Bekanntschaft mit der Familie Schlegel und Freundschaft mit dem Sohn Dorothea Schlegels, Philipp Veit.
1812	Besuch literaturwissenschaftlicher Vorlesungen bei Friedrich Schlegel und Adam Müller. Die Eichendorff-Brüder legen die juristischen Referendarsprüfungen ab.
1813	Die Brüder gehen nun getrennte Wege. Wilhelm bleibt in Wien und wird dort österreichischer Beamter. *April:* Joseph reist nach Breslau, um als Leutnant im Lützowschen Freikorps am Befreiungskrieg teilzunehmen (bis Dezember 1814).
1814	*Januar:* Militärdienst in Torgau (bis Mai). *Sommer und Herbst:* Urlaubsaufenthalt in Lubowitz. *Dezember:* Nach der Entlassung aus der Armee reist Eichendorff nach Berlin.
1815	*7. April:* Heirat mit Luise von Larisch. *April:* Teilnahme am Befreiungskrieg in Lüttich und Paris (bis Januar 1816). Eichendorffs erstes Prosawerk, der gesellschaftskritische Roman »Ahnung und Gegenwart« (6 Bände) wird von Fouqué herausgegeben. In dem Buch sind mehr als 50 Gedichte enthalten, darunter »In einem kühlen Grunde« und »O Täler weit, o Höhen«. *30. August:* Geburt des Sohnes Hermann Joseph.
1816	Rückkehr aus Frankreich. *Juni:* Umzug nach Breslau. Referendariat bei der Königlichen Regierung (bis 1819).
1817	*Spätsommer:* Aufenthalt in Lubowitz. Beginn der Arbeit am »Taugenichts«.

Geburt der Tochter Marie Therese Alexandrine.

1818 *27. April:* Der Vater stirbt.
Die Lorelei-Novelle »Das Marmorbild«, die Eichendorff 1817 in Breslau fertig gestellt hatte, erscheint in Fouqués »Frauentaschenbuch für das Jahr 1819«.

1819 *Oktober:* Eichendorff legt in Berlin die Assessorprüfung ab.
November: Anstellung in Breslau als Assessor bei der Königlichen Regierung.
Geburt des Sohnes Rudolf Joseph Julius.

1820 *Mai:* In Wien Treffen mit dem Bruder und mit Adam Müller.

1821 *Januar:* Eichendorff wird Konsistorial- und Schulrat in Danzig.
September: Anstellung als Regierungsrat.
Geburt der Tochter Agnes Clara.

1822 *April:* Tod der Mutter.

1823 Das erste Kapitel des »Taugenichts« wird in den »Deutschen Blättern« veröffentlicht.
Herbst: Vertretungstätigkeit am Berliner Ministerium für geistliche, Unterrichts- und Medizinal-Angelegenheiten.
Umgang mit Adelbert von Chamisso, Willibald Alexis und Julius Eduard Hitzig.
»Krieg den Philistern. Dramatisches Märchen in fünf Abenteuern« (vordatiert auf 1824).

1824 Eichendorff wird Oberpräsidialrat in Königsberg.

1826 Eine der bekanntesten romantischen Novellen, »Aus dem Leben eines Taugenichts«, erscheint. Auch in diesem Prosawerk Eichendorffs finden sich viele, zum Teil sehr bekannte Gedichte, z.B. »Wem Gott will rechte Gunst erweisen« und »Wohin ich geh und schaue«.

1827 Da sich wegen Uneinigkeit mit seinem Vorgesetzten die Arbeitsbedingungen in Königsberg zunehmend verschlechtern, beginnt Eichendorff, sich um eine neue Anstellung in West- oder Süddeutschland zu bemühen.

1828 »Meierbeths Glück und Ende. Tragödie mit Gesang und Tanz«.
»Ezzelin von Romano« (Trauerspiel).

1830 »Der letzte Held von Marienburg« (Trauerspiel).
Geburt der Tochter Anna Hedwig Josephine.

1831 *Sommer:* Eichendorff arbeitet in Berlin in mehreren Ministerien, ab Herbst im Außenministerium (bis Juni 1832).

1832	Tod der Tochter Anna Hedwig Josephine.
	Eichendorff schreibt den Gedichtzyklus »Auf meines Kindes Tod«.
	»Viel Lärmen um Nichts«, eine satirische Erzählung mit autobiographischen Elementen, erscheint (vordatiert auf 1833).
1833	»Die Freier« (Lustspiel in Prosa und Versen).
	Beginn der Veröffentlichung von Gedichten im von Chamisso und Gustav Schwab herausgegebenen »Deutschen Musenalmanach«.
1834	»Dichter und ihre Gesellen« (Erzählung).
1836	Die Novelle »Das Schloß Dürande« erscheint in »Urania. Taschenbuch auf das Jahr 1837«.
1837	Die erste Sammlung von Eichendorffs »Gedichten«, zum Teil aus den erzählenden Werken, wird veröffentlicht.
	Viele der Gedichte sind, vertont von Robert Schumann und anderen, zu bekannten Volksliedern geworden.
1838	Aufenthalt in München und Treffen mit Görres und Brentano. Weiterreise nach Wien.
1840	Eichendorffs Übersetzung der im 14. Jahrhundert entstandenen Erzählung »Der Graf Lucanor« von Don Juan Manuel erscheint.
1841	*Januar:* Eichendorff wird zum Geheimen Regierungsrat ernannt und in den Vorstand des Berliner Vereins für den Kölner Dombau berufen.
	»Werke« (4 Bände).
1843	*Februar:* Eichendorff erkrankt an einer Lungenentzündung.
	Mai–September: Arbeitsaufenthalt in Danzig und Marienburg.
1844	»Die Wiederherstellung des Schlosses zu Marienburg«.
	Juni/Juli: Eichendorff wird aus gesundheitlichen Gründen pensioniert.
1845	*Sommer:* Aufenthalt in Sedlnitz und Wien, wo er den Bruder Wilhelm trifft.
1846	»Geistliche Schauspiele von Calderon« (Übersetzungen).
	September: Reise nach Wien (bis Mai 1847).
	Zusammentreffen mit Adalbert Stifter und Franz Grillparzer.
1847	Bekanntschaft mit dem Komponisten Robert Schumann.
	»Über die ethische und religiöse Bedeutung der neueren romantischen Poesie in Deutschland«.

Dezember: Umzug nach Berlin.

1848 *Mai:* Wegen der Berliner Revolution Wohnungswechsel nach Köthen und Dresden.

Entstehung politischer Gedichte.

Der Aufsatz »Die deutschen Volksschriftsteller« erscheint in den »Historisch-politischen Blättern«.

1849 *Januar:* Tod des Bruders Wilhelm.

Mai: Wegen des Dresdener Aufstandes vorübergehende Übersiedlung nach Köthen.

Herbst: Rückkehr nach Berlin.

1851 *Sommer:* Besuch in Sedlnitz.

»Der deutsche Roman des achtzehnten Jahrhunderts in seinem Verhältnis zum Christentum«.

1853 »Julian« (Epos).

»Geistliche Schauspiele von Calderon« (Übersetzungen, 2. Band).

November: Eichendorff erhält in München den Maximiliansorden für Wissenschaft und Kunst.

1854 In Berlin Zusammentreffen mit Theodor Fontane, Paul Heyse und Theodor Storm.

»Zur Geschichte des Dramas«.

1855 *Januar:* Die Ehefrau Luise erkrankt schwer.

Mai: Gemeinsame Übersiedlung nach Köthen.

»Robert und Guiscard« (Epos).

Sommer: Kur in Karlsbad.

November: Umzug nach Neiße.

3. Dezember: Tod Luises.

1856 *Sommer:* Auf Einladung des Breslauer Fürstbischofs Heinrich Förster Aufenthalt auf Schloss Johannesberg.

Dezember: »Geschichte der poetischen Literatur Deutschlands« (2 Teile, vordatiert auf 1857).

1857 *Sommer:* Aufenthalt in Sedlnitz und auf Schloss Johannesburg.

»Lucius« (Epos).

26. November: Eichendorff stirbt in Neiße.

Erzählungen der Frühromantik

1799 schreibt Novalis seinen Heinrich von Ofterdingen und schafft mit der blauen Blume, nach der der Jüngling sich sehnt, das Symbol einer der wirkungsmächtigsten Epochen unseres Kulturkreises. Ricarda Huch wird dazu viel später bemerken: »Die blaue Blume ist aber das, was jeder sucht, ohne es selbst zu wissen, nenne man es nun Gott, Ewigkeit oder Liebe.«

Tieck Peter Lebrecht **Günderrode** Geschichte eines Braminen **Novalis** Heinrich von Ofterdingen **Schlegel** Lucinde **Jean Paul** Des Luftschiffers Giannozzo Seebuch **Novalis** Die Lehrlinge zu Sais
ISBN 978-3-8430-1878-4, 416 Seiten, 29,80 €

Erzählungen der Hochromantik

Zwischen 1804 und 1815 ist Heidelberg das intellektuelle Zentrum einer Bewegung, die sich von dort aus in der Welt verbreitet. Individuelles Erleben von Idylle und Harmonie, die Innerlichkeit der Seele sind die zentralen Themen der Hochromantik als Gegenbewegung zur von der Antike inspirierten Klassik und der vernunftgetriebenen Aufklärung.

Chamisso Adelberts Fabel **Jean Paul** Des Feldpredigers Schmelzle Reise nach Flätz **Brentano** Aus der Chronika eines fahrenden Schülers **Motte Fouqué** Undine **Arnim** Isabella von Ägypten **Chamisso** Peter Schlemihls wundersame Geschichte **Hoffmann** Der Sandmann **Hoffmann** Der goldne Topf
ISBN 978-3-8430-1879-1, 408 Seiten, 29,80 €

Erzählungen der Spätromantik

Im nach dem Wiener Kongress neugeordneten Europa entsteht seit 1815 große Literatur der Sehnsucht und der Melancholie. Die Schattenseiten der menschlichen Seele, Leidenschaft und die Hinwendung zum Religiösen sind die Themen der Spätromantik.

Brentano Die drei Nüsse **Brentano** Geschichte vom braven Kasperl und dem schönen Annerl **Hoffmann** Das steinerne Herz **Eichendorff** Das Marmorbild **Arnim** Die Majoratsherren **Hoffmann** Das Fräulein von Scuderi **Tieck** Die Gemälde **Hauff** Phantasien im Bremer Ratskeller **Hauff** Jud Süss **Eichendorff** Viel Lärmen um Nichts **Eichendorff** Die Glücksritter
ISBN 978-3-8430-1880-7, 440 Seiten, 29,80 €